無理しないでとことん愉しむ！

キヨミさんの
シニアの庭あそびアイデア

長澤浄美

農文協

目次

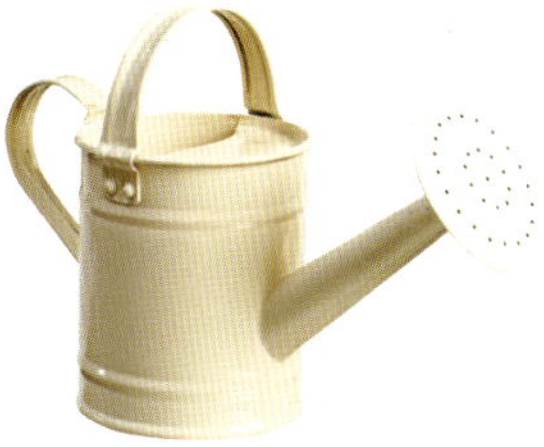

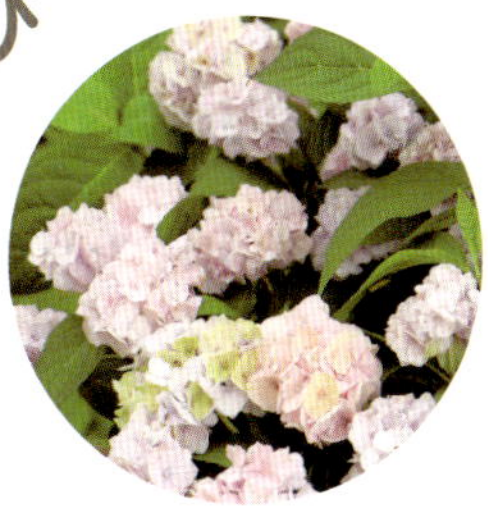

4章 とことん楽しむ庭あそび

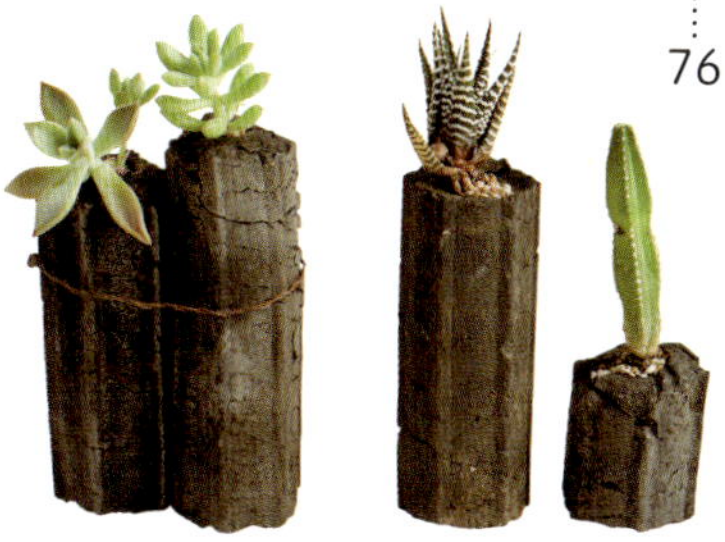

5章 挑戦が続く若返りの庭

〈庭あそびコラム〉

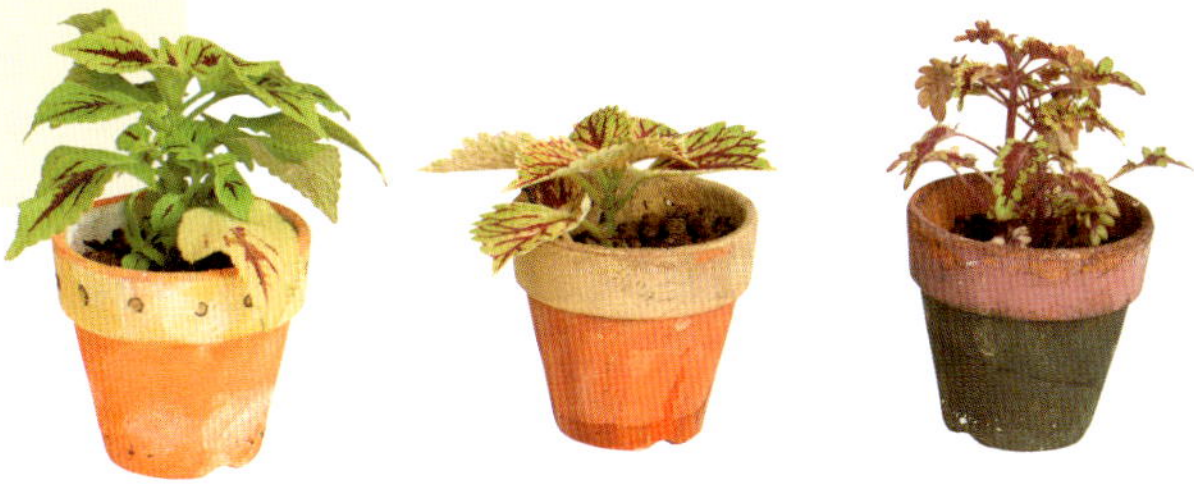

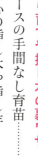

60代からの
庭あそび

こんな庭がシニアにおすすめ！

“忙しくても続けられる” ガーデニングアイデアの本を出してから5年。
シニアになって時間は少し余裕ができたけれど、
身体は思うようにならないことがふえました。手間を省いて足腰をかばい、
夏の日差しは避けて……と工夫するなかで、こぼれダネや日陰の存在など、
前の本に書いたことが改めてシニアにも大切だと感じています。
自然の力に助けられて無理をせず、それでも “とことん楽しみたい！”
シニアの庭づくりをご一緒しましょう。

こぼれダネでナチュラルに

チューリップの株元を埋めるネモフィラは、去年のこぼれダネから咲いたもの。
タネまきや苗を植えつけなくてもナチュラルに庭を彩る (➡P28・98)

ガーデンオーナメントでラブリーに

シニアだってかわいいものが大好き！
庭にラブリーな見どころを (➡P38)

猛暑をしのぐ日陰の庭

思いがけなくいろいろな花が咲く日陰を生かそう。暑さ厳しい夏には植物も人もホッとできる癒やしの場所になる（➡P48）

草取りがラクになる土づくり

草がスルッと抜ける冬の土づくりや「ちょこっと除草」をやってみよう（➡P62）

腰にやさしい
レイズドベッド

高さ数10cmのレイズドベッド（腰高花壇）は腰を落とさずに作業できて大助かり（➡P44）

花と一緒に
野菜やハーブ

狭い庭でも育てられる野菜やハーブ。生のホップを浮かべたビールも楽しめる（➡P83）

孫やペットが喜ぶ小道

花壇のまわりに設けた小道は孫や愛犬のお気に入り。一緒にあそべる庭の仕掛けを考えたい（➡P78）

はじめに

無理をしないガーデニングで若返りましょう

4ページに書いた「シニアになると、身体が思うようにならない」とは、わたし自身の実感です。フルタイムで働きながら25年ほど、朝食前のひとときと週末に夢中で庭をつくって花を咲かせてきました。ところが、4年前の夏に体調を崩して1カ月ほども外に出られず、庭は草に覆われました。そのとき、これからはできるだけ無理をしないガーデニングを目指そうと思ったものです。

ガーデニングを始めたころはあれもこれもと欲張って植物を育てようとしますが、そのうちに自分が育てやすい育てがいのあるものが見つかります。庭の環境によく合い、長く咲いたり、一度植えたら何年も繰り返し咲いてくれるような草花を選べば、ガーデニングはずいぶんラクになります。1章の「手間なし植物カタログ」から、あなたのお気に入りが見つかったら幸いです。

植物の選び方以外にも草取りや水やり、草姿をきれいに保つなど、日々の管理作業をラクにするちょっとした工夫も紹介しています。専門家の書く園芸書とは違う点もありますが、シニアの園芸愛好家が手間を省くために実践しているやり方とご理解ください。

手のかかる植物を手放すなど、庭も終活を意識する一方、今でもつい夢中になってしまうことがあります。お気に入りの花を来年も咲かせるためのタネとりや野菜づくり、孫やペットとの庭あそびなど。お得に植物を殖やすワザにも熱くなります。シニアはもう庭仕事を頑張るのではなく楽しみを第一に、無理をしない〝庭あそび〟に興じて気持ちはまだまだ若返ってまいります！

1章 無理なく楽しめる植物を選ぶ

水やりなどに気を配り大事に育てても枯れてしまう植物がある一方、放っておいても元気でよく咲く花もあります。これは相性の問題で、植物の好みと育てる場所などの条件がぴたりと合えば植物はご機嫌で、育てる側もストレスがありません。シニアになったら手をかけなくても元気で育つ植物を殖やし、庭仕事を少しでもサボろうと思うようになりました。無理なく楽しめる植物を選ぶコツを押さえ、手間なし植物を味方にしましょう。

環境に適した植物が育てやすい

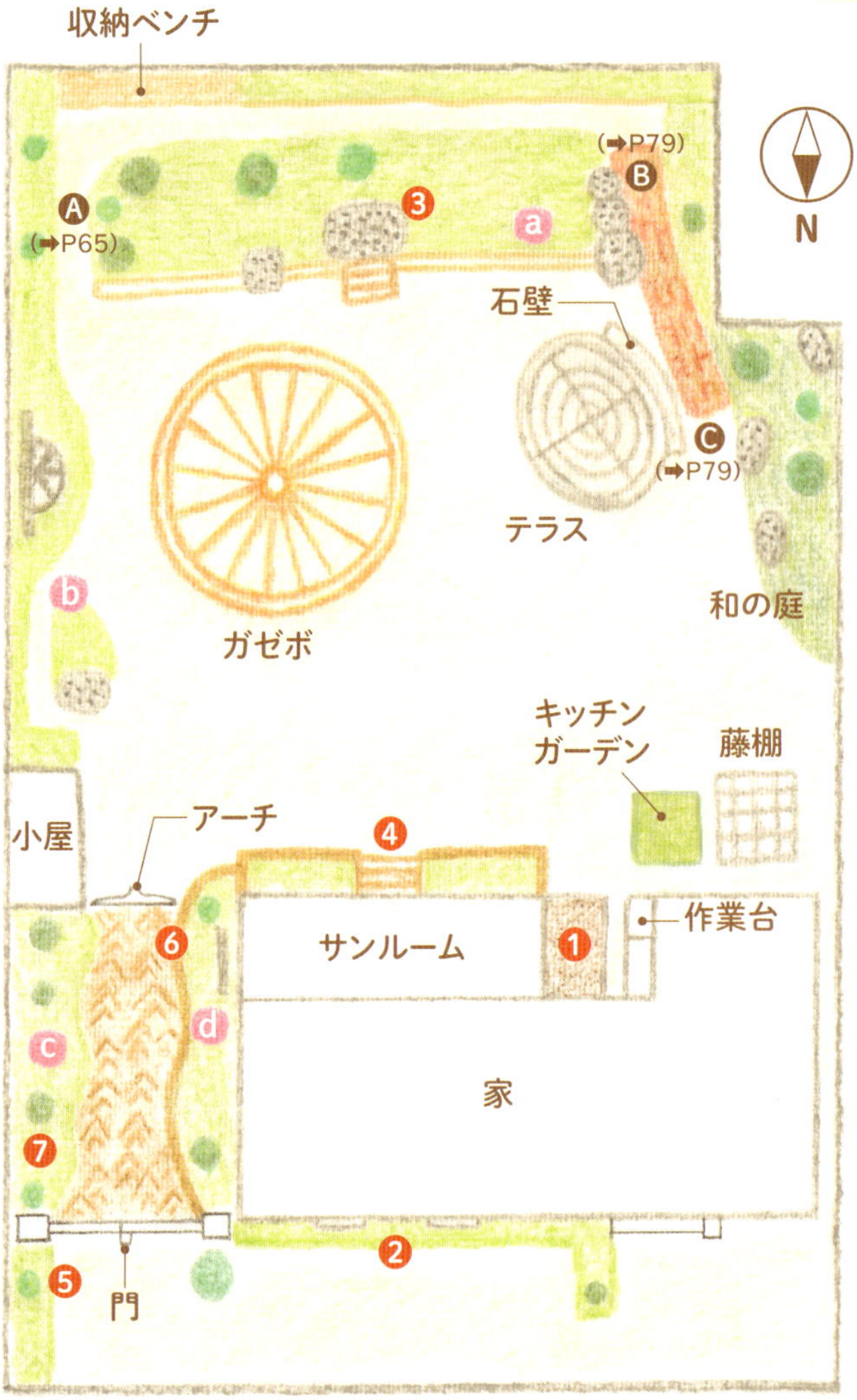

a 少女像りりーちゃん　b バードバス　c 婦人像　d 天使の噴水

❶ベランダ

一般に日当たりよく雨があまり当たらない。わが家はサンルームわきのウッドデッキがベランダがわり。雨で花弁が傷みやすいラナンキュラスなどの八重咲きの花や、花壇ではダンゴムシの被害が多いパンジーやビオラ、ペチュニアなどを鉢植えで楽しむ。

植物は生まれ育った原産地に似た環境を好みます。熱帯植物を寒い地方で育てるのは大変ですが、植物が好む環境なら健やかに育って設備や手間はかかりません。無理なく植物を育てるには環境（場所）との相性が大切です。狭い庭の中でも建物や樹木などの影響によって環境は微妙に違います。わが家の庭を参考に、自分の庭の環境に合った育てやすい植物を選んでください。苗のプランツタグなどに「日当たり向き」と書いてあっても、意外に日陰に強いものもあるので、植物のほんとうの好み、実力も見極めたいものです。

❷暗い日陰

日陰にもいろいろあるなかで直射光のほとんど当たらない家の北側など。何も咲かないと思われがちだが、周囲が開けていれば意外に明るい。写真ではサツキやアイビーゼラニウムが開花中。ウッドボックスでスイスランドカンパニュラや栄養系トレニア、花壇でフクシアなども咲く。

❸日当たりのレイズドベッド

高さのある花壇は水はけもよいのでバラやアジサイなどの花木、写真のチューリップやネモフィラまで多彩に咲く。和風の庭石が動かせなくて誕生したわが家のレイズドベッドでは、サルビア・ネモローサやパンパスグラスなどが植えっぱなし。

❹日当たりの花壇

北側の家屋が風を防ぐ花壇は、冬の間も苗が育って賑やかな春花壇が楽しめる。スイートピーやビオラ、フロックス'ポップスター'、オステオスペルマム、ネモフィラが開花。キヌサヤやスナップエンドウ、ミニトマトやトウガラシなどの野菜も育つ。

❺駐車場

一般にアスファルト道路などに接して乾きやすいうえに、わが家は家の北東側の半日陰。けれど、人目につきやすい場所なので春はチューリップ、秋はマムやシュウメイギクなどで華やかに。乾燥に弱いとされるチューリップだが、地植えでよく咲くので注目を。

❻半日陰

わが家のように2階建ての建物に挟まれた日陰の通路でも、1日数時間は日差しが入るような場所。高さのあるレイズドベッドで水はけをよくすると、初夏はシノグロッサムやジギタリス、トレリスにバラやクレマチスや直まきのスイートピーを誘引して咲かせる。

❼明るい日陰

同じ日陰の通路でも日差しは入らず、家屋に反射した間接光や落葉樹の木漏れ日だけがさすような場所。カンパニュラ'アルペンブルー'やペンステモン'ハスカーレッド'、アジサイ'ピンクアナベル'やサマーポインセチア、クリスマスローズなどで落ち着いた雰囲気。

植物の組み合わせや見せ方で庭も手間も変わる

多年草や花木と一年草の組み合わせ

上）植えたまま翌年も咲いてくれるシャクヤク①のような多年草や花木を庭の骨格にして、スイートピー②などの一年草を季節の彩りとして組み合わせると、植え替えに追われない。
左）花木のバラ①や多年草サルビア・ネモローサ②と一年草のオルレア③やヤグルマギク④。

草花が好きだと、心ひかれた植物を次々に植えて庭が雑然となりがちです。きれいに咲いても花期の短い一年草ばかりでは、年に何度も苗を植え替えなくてはなりません。勢いよく育って草姿が暴れる植物は、刈り込んだりまとめる手間がかかります。きれいな庭をできるだけ無理なく維持するためには、手間のかからない植物を選び、組み合わせや見せ方を工夫しましょう。わたし自身シニアになってとくに心がけている点を紹介します。

つるバラより扱いやすいミニバラ

壁面やアーチなどの高い場所で咲かせるつるバラは華やかだけれど、誘引作業が危険。脚立に乗らなくてすむ高さで見せたり、小さな花が群れ咲くミニバラを楽しむ。

つる性植物やコンテナで立体感

つる性のクレマチスなどを支柱で誘引したり、這い性のカンパニュラ‘アルペンブルー’を高さのあるコンテナから枝垂れさせたりすると、平面的な庭に立体感が生まれる。

広がる株やこぼれダネを生かす

駐車場から日陰の通路への門扉。年々広がるハツユキカズラは通路側から門扉を越えて枝垂れ、こぼれダネのカンパニュラは下から這い上がり、ナチュラルな花飾りに。

植物の種類を絞って大株に育てる

以前はピンクなどの花々を咲かせていた夏の半日陰。コリウスやサマーポインセチアというリーフだけを大株に育てたら、落ち着いた存在感を発揮。花がら摘みの必要もない。

手間なし植物を選ぶポイント

ガーデニングを無理なく楽しむには、栽培する場所に適した植物を選ぶことがまず大切。
また、ちょっとしたポイントを押さえて植物を選ぶと、管理の手間がずいぶんラクになります。
いろいろな植物を育てるなかで「この子は手がかからない」と感じたポイントを
整理してご紹介します。ポイントごとのおすすめ植物はP14からのカタログでご覧ください。

長く咲く一年草

一年草には秋から翌春まで咲くビオラやパンジーに、晩春から秋まで半年咲き続けるものがある。これを組み合わせれば年2回の植え替えでOK。

植えっぱなしOKの多年草

植えたまま数年は繰り返し咲く多年草。カンナのように休眠期は地上部が消える宿根草と、クリスマスローズのような常緑タイプがある。

丈夫な果樹や低木

花木や果樹などの樹木は草花に比べてとても強健で乾燥に強い。つる性のブラックベリーは剪定や誘引が必要だが、無農薬で栽培できてたくさん実る。

鉢で育つ野菜やハーブ

草花より難しそうに見える野菜栽培だが、鉢で育つミニトマトなどは手間なしで育てやすい。水やりも花壇並みに軽減できるワザがある（→P86）。

彩り豊かなカラーリーフ

コリウスなどのリーフプランツ（葉もの）も、花に負けない存在感を発揮する。花がら摘みの必要がなく、年中美しいものも。

日陰で育つ草花

日当たり向きとされるロベリアなどが半日陰で間延びしないで咲くことも多い。水やりの手間が少ない日陰で育つレパートリーを充実したい。

支柱不要の草花

花茎が長く軟弱な草花は倒れやすいが、一般種より草丈が低いわい性のルピナスやヤグルマギクなどは支柱を添えなくても大丈夫。

乾燥に強い草花

敷石の間でも育つエリゲロンなどの強健な多年草は、日当たりや水はけのよさを好む。乾燥にとても強くて水やりの手間がかからない。

花と緑を“無理なく楽しむ”年間プラン

かつて憧れた「花いっぱいの庭」から、今は「一年中なにかチラホラ咲いている庭」へと思いは変わっています。

手間をかけなくても長く咲く花をつないで、一年中花の途切れない庭をつくりませんか。

植物名	開花（観賞）期												形態
	1	2	3	4	5	6	7	8	9	10	11	12	
ガーデンシクラメン	■	■	■	■						■	■	■	多年草（一年草扱い）
パンジー／ビオラ	■	■	■	■	苗から育て					苗	■	■	一年草
		■	■	■	■	タネから育て							
カレンジュラ‘冬しらず’	■	■	■	■							■	■	一年草（こぼれダネ）
クリサンセマム‘ノースポール’	■	■	■	■								■	一年草（こぼれダネ）
クリスマスローズ		■	■	■									耐寒性多年草
プリムラ		■	■	ガーデンプリムラ									耐寒性多年草
			■	■	プリムラ‘ベラリーナ’								
スーパーアリッサム‘フロスティーナイト’			■	■	■	■	┄	┄	■	■	■		半耐寒性多年草
宿根イベリス				■	■	■							耐寒性多年草
アジュガ				■	■								耐寒性多年草
エリゲロン				■	■	■	■	■	■	■	■		耐寒性多年草（こぼれダネ）
アイビーゼラニウム				■	■	■	■		■	■	■		半耐寒性多年草
ペチュニア／カリブラコア				■	■	■	┄	┄	■	■			半耐寒性多年草
バラ：四季咲き、返り咲きタイプ					■	■				■	■		低木
アジサイ‘アナベル’					■	■	■						低木
アルストロメリア					■	■				■	■		半耐寒性多年草
ポリゴナム（ヒメツルソバ）					■	■	■	■	■	■	■		耐寒性多年草（こぼれダネ）
ニチニチソウ（ビンカ）						■	■	■	■	■			非耐寒性多年草（一年草扱い）
センニチコウ						■	■	■	■	■			一年草
アンゲロニア						■	■	■	■	■			非耐寒性多年草（一年草扱い）
ペンタス						■	■	■	■	■			半耐寒性低木（一年草扱い）
ジニア						■	■	■	■	■			一年草
ポーチュラカ‘マジカルキューティー’						■	■	■	■	■			非耐寒性多年草（一年草扱い）
カラーリーフカンナ						■	■	■	■	■			半耐寒性多年草
フクシア‘エンジェルスイヤリング’						■	■	■	■	■	■		低木
ダリア						■	■	■	■	■	■		半耐寒性多年草
ユーフォルビア‘ダイアモンドフロスト’						■	■	■	■	■	■		非耐寒性多年草（一年草扱い）
栄養系トレニア						■	■	■	■	■	■		非耐寒性多年草（一年草扱い）
インパチエンス／サンパチェンス						■	■	■	■	■	■		非耐寒性多年草（一年草扱い）
スーパーランタナ‘サニーイエロー’						■	■	■	■	■	■		半耐寒性低木（一年草扱い）
コリウス						■	■	■	■	■	■		非耐寒性多年草（一年草扱い）
サマーポインセチア（ユーフォルビア）							■	■	■	■			非耐寒性低木（一年草扱い）
ケイトウ（セロシア）							■	■	■	■	■		一年草
ルドベキア‘タカオ’								■	■	■	■		耐寒性多年草（こぼれダネ）
マム（キク）＊代表的品種									■	■	■		耐寒性多年草

＊実際に育てた植物名、園芸品種名を明記。各植物名はP110の索引から関連ページが引ける。
開花期は東京都八王子市の著者庭が基準。

栽培の手間がかからないポイント別に植物を紹介。無理なくガーデニングを楽しみましょう。

植物カタログ

長く咲く一年草

一年草はタネをまいて1年以内に咲き、タネを結んで枯れる植物です。何年も繰り返し咲く多年草より開花期の長いものが多く、晩春から晩秋までや秋から春まで半年近く咲くものもあります。これらを組み合わせると年に2回植え替えるだけで一年中、花の途切れない庭に！ 一年草の苗は多年草より一般に安く、園芸品種も多彩で楽しめます。

風に揺れるコスモスやかわいらしいセンニチコウが咲く夏の庭。コスモスが1カ月ほどで咲き終わっても、センニチコウは10月まで咲き続ける。

ハツユキカズラなどの多年草を植えたまま、秋に球根や一年草の苗を植えつけた。チューリップやスイートピーが芽を出す前、晩秋からパンジーは咲いている。

ポーチュラカ'マジカルキューティー'

スベリヒユ科／非耐寒性多年草（一年草扱い）／開花6～10月／草丈約10～20cm　横に広がるほふく性で、花がなくてもカラーリーフとして楽しめる。夏の乾燥に強く鉢植えや花壇に重宝する。寒さに弱いので一年草扱いとされる。

アンゲロニア

オオバコ科／非耐寒性多年草（一年草扱い）／開花6～10月／草丈25～60cm　花の少ない夏に元気に咲き続けるので、草姿が乱れてきたら切り戻す。一年草扱いだが、挿し芽をして室内で冬越しさせることもできる。

パンジー／ビオラ

スミレ科／一年草／開花11～5月／草丈15～20cm　かつては花径4cm以下をビオラとしていたが、今は混在。冬花壇に欠かせない花。真夏より9月にタネをまくと管理がラクで徒長しにくい。充実した苗は11月以降に出回る。

ジニア

キク科／一年草／開花6～10月／草丈15～80cm　花もちがよくて1花ずつが長く楽しめる。一重や八重咲き、コンパクトなわい性や高性などの品種があり、植え場所によってよさが発揮できる。耐病性と耐暑性にすぐれた品種も登場。

ケイトウ（セロシア）

ヒユ科／一年草／開花7～11月／草丈15～80cm　ニワトリのトサカに似たタイプや羽毛状、細長い穂状の花など多彩なタイプがあり、夏の暑さに強くこぼれダネからも育つ。近年はシックなおとな色も登場している。

ペンタス

アカネ科／半耐寒性低木（一年草扱い）／開花6～10月／樹高30～60cm　星形の小花を多数つけ、花がらを摘むと次々に花が咲く。暑い日向でも丈夫なので、鉢植えだけでなく夏花壇にも最適。半耐寒性なので室内で冬越し。

ニチニチソウ（ビンカ）

キョウチクトウ科／非耐寒性多年草（一年草扱い）／開花6～10月／草丈15～50cm　夏の暑さに強く、多彩な花色があるので鉢植えや花壇の定番に。茎の先端に花が咲くので、切り戻して脇芽を伸ばし、花数をふやすとよい。

センニチコウ

ヒユ科／一年草／開花6～10月／草丈15～70cm　暑さと乾燥に強く、病害虫の被害も少なく育てやすい。草丈の低いわい性～高性の品種があり、鉢植えや花壇に適した高さを選べる。花に見えるのは苞なので長く観賞できる。

イベリス'キャンディタフト'

アブラナ科／一年草／開花4～6月／草丈60～70cm　花色が豊富で、宿根タイプと違って草丈が高いため花壇だけでなく切り花のアレンジメントにも適する。秋にタネをまいて育て、花後にタネをつけたドライフラワーも楽しめる。

＊著者が育てた園芸品種名、草丈などを明記。
開花期は東京都八王子市の著者庭が基準。

植物カタログ

植えっぱなしOKの多年草

植えっぱなしでも毎年咲いてくれる多年草（球根を含む）は手入れも簡単。冬や夏の休眠期に地上の茎葉が消える宿根草タイプなどは、こちらが忘れていても季節になるとちゃんと芽を出し、花を咲かせてくれて嬉しいものです。しかも、挿し木や株分けできるものが多いので少しずつ殖やし、新たに植え付けしなくても何かが咲くゾーンを広げられます。

シャクヤク‘紅日輪’と‘ラテンドール’、紫のシラー・ペルビアナやミヤマオダマキという多年草の競演。毎春楽しみな組み合わせ。

花期も花の大きさもぴったりの八重咲きクレマチス‘白万重’と‘ビエネッタ’のスクリーン仕立て（→P57）。冬は休眠するクレマチスを春にトレリスに誘引している。

ラナンキュラス‘ラックス’

キンポウゲ科／耐寒性／開花2～4月／草丈30～50cm　庭植えできる宿根タイプ（球根）の園芸品種で育てやすい。八重咲きと一重があり、光沢のある花弁が魅力。スプレー咲きなので蕾が次々と上がって長く楽しめる。

シラー・ペルビアナ

キジカクシ科／耐寒性／開花3～5月／草丈20～50cm　傘状に集まる小花は外側から開花する。地中海沿岸原産なので乾燥に強い。梅雨ごろには地上部が枯れて休眠する球根植物で、植えたままで秋に発芽してよく咲く。

ルドベキア‘タカオ’

キク科／耐寒性／開花8～11月／草丈40～120cm　冬は地上部が消える宿根草で翌年また発芽して、こぼれダネでもよく殖える。草丈が高く倒れやすいので6月に切り戻すとコンパクトによく咲く。切り花でも長く楽しめる。

シャクヤク

ボタン科／耐寒性／開花5～6月／60～100cm　冬は地上部が消えるが、春に出る新芽は渋くておしゃれ。大輪なので庭で目立ち、品種豊富で写真のような黄花種もある。切り花としても活躍する。秋に株分けで殖やせる。

バイモユリ

ユリ科／耐寒性／開花4～5月／草丈約50cm　うつむいて咲く姿が清楚で和洋どちらの庭にも合い、半つる性でつる同士が絡んで支え合う姿はほのぼのした風情。植えっぱなしで育てられる宿根草タイプの秋植え球根。

クレマチス

キンポウゲ科／耐寒性／開花（品種による）／草丈20～300cm　春咲きを中心に多くの品種があり、花後の剪定と追肥で返り咲きする品種も（→P30）。トレリスなどに誘引するつる性とほぼ自立する木立性がある。

マム（キク）

キク科／耐寒性／開花（品種による）／草丈10～50cm　近年は華やかなスプレーマムの品種が豊富。1年目は鉢植えで楽しみ、花後に花壇などに植え替えると新芽で殖えてお得感いっぱい。挿し芽でも殖やせる（→P31）。

シラー・カンパニュラータ

キジカクシ科／耐寒性／開花4～5月／草丈20～40cm　ブルーベルやヒヤシンソイデスとも呼ばれる秋植え球根。釣り鐘形の美しい花を咲かせ、凛とした立ち姿が魅力。花茎を残すとタネを結び、こぼれダネでも殖える。

サルビア・ネモローサ

シソ科／耐寒性／開花6月～晩秋／草丈60～70cm　写真は‘カラドンナ’という品種。支柱なしで育てられ、一番花の花後に切り戻すと返り咲くので長く楽しめる。伏せ木（→P109）や切り戻した茎を挿し芽で殖やせる。

植物カタログ

丈夫な果樹や低木

アジサイは近年、品種がふえて人気がある。後方に見える白い'アナベル'に対し、手前は'ピンクアナベル'。どちらも挿し木で殖やしてきた。

ブラックベリーは真っ赤になる実が美しく、黒く熟したらポロリと収穫できる。つる性なのでアーチやフェンスに誘引すると収穫しやすい。

米国の絵本作家ターシャ・テューダーの庭を本やテレビで見て、春に白い花が咲き秋は実のなるクラブアップルに目が釘づけになりました。ジューンベリーやブルーベリーなど、花や実や紅葉と楽しみの多い果樹は小さな庭にもおすすめ。無農薬で育てられるものがあります。また、新芽や紅葉なども美しく草花感覚で育てられる低木もステキです。

ムクゲ

アオイ科／耐寒性落葉低木／開花7～9月／樹高100～200cm　バラのように優雅な八重咲き品種もある。高く育つので秋に半分ほど切り詰める。3月ころの落葉期に行なう「休眠枝挿し」は成功率が高く、翌年には花を咲かせる。

ミニバラ

バラ科／耐寒性落葉低木／開花5～6月、10～11月／樹高20～100cm　四季咲き品種が多くて値段も手頃だが、豪華な中輪咲き品種もある。鉢植えでコンパクトに育てられ、花壇に低く広がるようにも育てられる。

アジサイ‘アナベル’

アジサイ科／耐寒性落葉低木／開花5～7月／樹高約120cm　ライムグリーンで咲き始め満開は純白、再びライムグリーンに変化。春に花芽ができるまで剪定しないで花がらを楽しめる。正式な属名はアメリカノリノキ。

クラブアップル

バラ科／耐寒性落葉高木／開花4～5月／結実8～11月／樹高150～300cm　鉢植えで出合った小さな苗が10年で背を越す高さに。春にピンクの蕾がほころび白い花の咲くさまがかわいらしく、晩秋に色づく実はクリスマス素材に。

ロータス‘ブリムストーン’

マメ科／耐寒性常緑亜低木／開花6～10月／樹高30～60cm　柔らかな新葉がクリーム色で寄せ植えや花壇で活躍。刈り込んでコンパクトにしたり、伸ばしてトレリスに誘引して仕立ててもよい（→P57）。現在はドリクニウム属。

シモツケ‘ホワイトゴールド’

バラ科／耐寒性落葉低木／開花5～7月／樹高約60cm　ピンクの‘ゴールドフレーム’の花色違い。春の黄金色の若葉が美しく、5月に小花を集めて次々と開花。花後に切り戻すと二番花が楽しめ、切り戻した茎を挿し木で殖やせる。

ブルーベリー

ツツジ科／落葉低木／開花4～6月／結実6～9月／樹高100～300cm　比較的コンパクトな果樹で育てやすい。白やピンクの鐘形の可憐な花を咲かせ、果実は生食やジャムなどにおすすめ。紅葉も楽しめる。耐寒性は品種による。

ブラックベリー

バラ科／耐寒性落葉低木（つる性）／開花5～6月／結実7～8月／樹高150～300cm　ピンクの花や赤から黒に熟す実も楽しめる。手で触ってポロっと落ちると食べごろ。ヨーグルトや野菜サラダに。家庭ではトゲなし品種を。

ヒペリカム

オトギリソウ科／耐寒性低木／開花5～7月／結実8～10月／樹高20～100cm　鮮やかな黄色い花と赤い実が楽しめる。暑さ寒さに強く植えっぱなしで育ち、伸びた茎を切り戻して挿し木で殖やせる。常緑、落葉は品種による。

植物カタログ

鉢でも育つ野菜やハーブ

草花用のハンギングバスケットで育てたミニトマトの実つきのよさにびっくり！ 高い位置で育てているからナメクジやダンゴムシの心配もない。

ピザなどのトッピングに重宝するバジルだが、葉を切ると黒ずむのが難点。こんもり育つ小葉のブッシュバジルは香り高く使いやすい。

夏の盛りは草花も休みがちなので、手軽に育てられる野菜が庭の主役になることも。2月中旬からタネまきするミニトマトなどは鉢植えで育ち、畑に畝を立てたりマルチを敷いたりしなくてもよいから、手間いらずの初心者向き。春の草花が咲き終わるまでにスタンバイできて、連作障害の心配もなく育てられます（↓P86）。薬味に使うハーブも身近にあると便利です。

バジル
シソ科／非耐寒性多年草（一年草扱い）／収穫5〜9月／草丈20〜30cm 4月から苗が出回るが、寒さに弱いので地植えするなら5月以降に植えつけ。夏に開花すると葉がかたくなるので、摘芯して葉の数をふやす。

ゴーヤー
ウリ科／一年草／収穫7〜10月／草丈つる4〜5m　ツルレイシやニガウリとも呼ばれる。写真のシロゴーヤーは苦みがまろやかで、緑の葉の中で美しい。野菜としての流通は少ないので苗を買って育てるのがおすすめ。

ミニトマト
ナス科／非耐寒性多年草（一年草扱い）／収穫7〜8月／草丈30〜200cm ハンギングバスケットでも栽培できるコンパクトな品種もある。ヘタが茶色く反り返って完熟した朝採れトマトのつまみ食いは庭あそびのご褒美。

パクチー（コリアンダー）
セリ科／一年草／収穫3〜5月、9〜11月／草丈30〜40cm　葉や茎に独特の香りがあるパクチーはタイ、ベトナム中国料理などに欠かせないハーブ。近年はタネや苗も手軽に手に入る。鉢植えでベランダ栽培もできる。

トウガラシ
ナス科／非耐寒性多年草（一年草扱い）／収穫6〜12月／草丈20〜100cm　5月初めに苗が出回るマンガンジトウガラシなどは、栽培しやすい夏野菜の定番。熟して赤い実は甘みも栄養価も増すので、完熟果の収穫も。

スナップエンドウ
マメ科／耐寒性ある一年草／収穫4〜6月／草丈は品種による（つる性）　初めて育ててもおいしく収穫できる野菜。秋にタネまきして幼苗で冬越しさせ春に収穫する。つるをオベリスクに誘引すると白い花も実る姿も楽しめる。

サンショウ
ミカン科／耐寒性落葉低木／収穫は部位による／樹高100〜200cm　葉や実が古くから親しまれる和のハーブ。たけのこご飯を炊くころに若葉が展開し、初夏に青い実が収穫できる。秋に熟した実を粉山椒にできて重宝する。

イタリアンパセリ
セリ科／耐寒性二年草／収穫 春〜秋／草丈20〜30cm　育てやすいハーブで、苗から育てると初心者でも失敗が少ない。寒さに強くて冬も戸外で育てられる。収穫期が長く、スープやサラダにくわえるとほどよい苦みがくせになる。

ミニパプリカ（カラーピーマン）
ナス科／非耐寒性多年草（一年草扱い）／収穫6〜10月／草丈は品種による　実が肉厚で苦みや辛みが少なく、料理を彩りよくしてくれる。ミニタイプなら草丈50cmほどなので、おしゃれな支柱を立てて鉢植えで育てると楽しい。

植物カタログ

彩り豊かなカラーリーフ

夏の花の定番だったカンナは近年、葉色の美しい品種が出回っています。花より葉の観賞価値が高いリーフプランツに注目してみませんか。カラフルな葉色や季節で変化する葉色も楽しめます。花がら摘みの手間がなく、多くは植えっぱなしOKの多年草。庭を引き締める銅葉や日陰を明るくする斑入り葉を使いこなしたいものです。

明るい斑入りのカンナ‘ビューイエロー’と銅葉の‘インゲボルグ’が夏の日差しを透かしてきれい。花がなくても視線をひきつける。

葉の色形や大きさもバラエティー豊かなコリウス。切り詰めるとわき芽が伸びてこんもり茂り、切った茎は挿し芽で殖やせる。

ハツユキカズラ

キョウチクトウ科／つる性常緑低木／観賞一年中／樹高つる50cm以上　ハンギングからグラウンドカバーまで大活躍。淡いピンクの新芽から白みが強くなって春～秋はカラフルで美しい。樹齢が進むと白い小花が咲く。

斑入りヤブラン

キジカクシ科／耐寒性多年草／観賞 春～秋／草丈20～40cm　暑さ寒さに強いが、夏の強光で葉焼けするので半日陰で育てる。冬に葉が傷むので、新芽が出る前の3月に根元から切り戻す。8～10月に可憐な花が咲く。

カラーリーフカンナ

カンナ科／半耐寒性多年草／観賞6～10月／草丈40～160cm　花の美しい「ハナカンナ」に対して、近年は葉の美しいカラーリーフカンナが花壇のフォーカルポイントに。花がらを摘み取ると脇から新たな花芽が出て花期も長い。

ヒペリカム‘トリカラー’

オトギリソウ科／半ほふく性半常緑低木／観賞ほぼ一年中／樹高約30cm　緑葉に白と赤の縁どりが入って美しく、しなやかな枝を横に伸ばす。6月ごろに黄色い花を枝先に咲かせても、一般種と異なり実は結ばない。

リシマキア‘ファイヤークラッカー’

サクラソウ科／耐寒性多年草／観賞5月～晩秋／草丈約60cm　春の芽吹きが美しく、5月ごろに茎を半分くらいに切り戻すと支柱なしで育てられる。夏にうつむいて咲く黄色い小花がかわいらしく、葉とのコントラストが素晴らしい。

コリウス

シソ科／非耐寒性多年草（一年草扱い）／観賞6月～晩秋／草丈20～80cm　こんもり育つ栄養系品種がおすすめ。5～6月に苗を入手したら、なるべく早く植え付ける。伸びたら切るを繰り返し、切った茎は挿し芽に。

斑入りイワミツバ

セリ科／耐寒性多年草／観賞5～11月／草丈約30cm　別名エゴポディウム‘バリエガータ’。明るい斑入り葉が日陰の下草に最適 だが、殖え過ぎに注意。初夏にホワイトレースフラワーに似た白花を咲かせる。株分けで殖やせる。

斑入りグレコマ（カキドオシ）

シソ科／耐寒性多年草／観賞ほぼ一年中／草丈つる20～50cm　どんな花にも合うので寄せ植えの素材やグラウンドカバーにおすすめ。春に薄紫色の小さな花が咲く。先祖返りして斑のない葉が出たら茎ごと抜き取る。

イポメア‘テラスメープル’

ヒルガオ科／非耐寒性多年草（一年草扱い）／観賞6月～晩秋／草丈つる30～100cm　暗い銅葉が寄せ植えや花壇の差し色になる。夏の強光に強く、水切れに注意すれば大株になる。切り戻した茎は水挿しも（→P97）。

植物カタログ

日陰で育つ草花

半日陰のレイズドベッド（→P9）で、八重咲きの花をブーケのように咲かせるプリムラ‘ベラリーナ’やビオラ。どちらも花つきよく徒長しない。

一般に日陰は花を育てにくいと思われていますが、わが家のシェードガーデンでは多彩な草花が咲きます（↓P48）。というのも、プランツタグなどに「日当たりを好む」とある草花の鉢植えを日陰に置いて日陰でも咲くかどうか、実力を確認してきたからです。水やりの手間などが少ない日陰で「こんなものまで咲く」レパートリーを紹介します。

明るい日陰（→P9）では落葉樹ヤマボウシの足元でクリスマスローズの花数が年々ふえている。パステルカラーの花色は日陰を明るくする。

プリムラ‘ベラリーナ’

サクラソウ科／耐寒性多年草／開花3～4月／草丈約10cm　ギュギュッと咲く八重咲きで1株でもブーケのようにかわいらしい。耐暑性にもすぐれるので夏越しできれば年々大株に成長し、花数も多くなる。半日陰でもよく咲く。

ハナニラ

ネギ科／耐寒性多年草／開花3～4月／草丈15～20cm　植えっぱなしで丈夫に育つ球根植物で殖えすぎるほど。日当たりを好むが、半日陰でもきれいに咲く。星形のブルー、ホワイト、ピンクのかわいい花、葉にニラの匂いがある。

クリスマスローズ（ヘレボルス）

キンポウゲ科／耐寒性多年草／開花2～4月／草丈20～40cm　花の少ない冬に可憐に咲き出す姿は庭に欠かせない存在。日陰や鉢植えでも楽しめる。和洋どちらの庭にもマッチして、花弁に見える萼が残るので長く楽しめる。

サンパチェンス

ツリフネソウ科／非耐寒性多年草（一年草扱い）／開花6～11月／草丈40～80cm　インパチエンスの園芸品種で大株に育ち、暑さに強いが強光で傷みやすい。写真の‘スプラッシュホワイト’は斑入り葉が日陰でも明るく華やか。

栄養系トレニア‘カタリーナ’

アゼトウガラシ科／非耐寒性多年草（一年草扱い）／開花6～11月／草丈20～40cm（ほふく性）　茎先に花をつけるので摘芯して茎をふやすとこんもり花が咲く。ほふく性なのでハンギングや花壇のグラウンドカバーにも活躍。

栄養系ロベリア

キキョウ科／半耐寒性多年草（一年草扱い）／開花4～10月／草丈20～30cm（ほふく性）　従来種よりも花期が長く楽しめる。暑さと蒸れに弱いので夏は風通しのよい半日陰がよい。茎を摘芯して草姿を整えて花数をふやす。

スイスランドカンパニュラ

キキョウ科／耐寒性多年草／開花3～5月／草丈約20cm　交雑から誕生したベルフラワーの園芸品種で花つきがよく、暗い日陰でも植えっぱなしで毎年よく咲く。花色はパープル系の濃淡とホワイトがある涼しげな花。

アスチルベ

ユキノシタ科／耐寒性多年草／開花6～7月／草丈20～80cm　白、ピンク、赤などの小花が穂状に集まって咲く。寒さに強いが乾燥に弱く、葉がチリチリになるので注意する。冬は地上部が枯れるが春に芽吹く新芽は美しい。

ユーフォルビア‘ダイアモンドフロスト’

トウダイグサ科／非耐寒性多年草（一年草扱い）／開花6～11月／草丈約50cm　暑さに強く、大きく育ちながら長く咲く。高い位置に植えると枝垂れるように咲く姿が美しく寄せ植えにも使いやすい。冬越しは室内で（→P97）。

植物カタログ

支柱なしでも大丈夫！

大株に育ったり草丈が高いと、花の重みや根が浅いなどの理由で倒れやすいもの。支柱を添えたり、コンパクトに株を切り詰めるのも手間がかかります。草丈の低いわい性種なら倒れにくく、鉢植えでも使いやすい。

ピンクのわい性ヤグルマギクは倒れにくいが、薄紫のヤグルマギクは倒れないようにテグスでまとめている（→P58）。花苗はわい化剤を使ったものもあるので、ネットでわい性種のタネを検索するとよい。

わい性スイートピー

マメ科／一年草／開花4月下旬～6月中旬／草丈20～30cm　鉢植えやハンギングバスケットで育てられ、低い支柱に誘引してベランダでも活躍する。スイートピーは採種もタネまきも簡単なので、タネをつないで翌年も咲かせたい。

シュウメイギク‘ダイアナ’

キンポウゲ科／宿根草／開花9～10月／草丈30～50cm　ピンクの濃淡の二色咲き。花びらの形がユニークで目をひく。蕾も花後に残る花芯もかわいらしい。コンパクトなので鉢植えにも向くが、乾燥に弱いので水切れに注意。

わい性ルピナス

マメ科／一年草／開花4～6月／草丈40～60cm　葉も花もコンパクトなので寄せ植えにもできて、狭くても育てられる。わい性種の苗はあまり出回らないので、ネットでタネを入手する。タネが大きいので初心者でも育てやすい。

わい性ヤグルマギク

キク科／一年草／開花4～6月／草丈40～60cm　支柱なしで育てられるヤグルマギクをネットで探したのが、わい性種にこだわり始めたきっかけ。今では花色も5～6種に。コンパクトなのに花つき抜群で鉢植えでも楽しめる。

植物カタログ

水やりの手間がない草花

基本的によほど乾燥が続かない限り、地植えの植物に水やりの必要はありません。アスファルトに囲まれた駐車場の花壇などは乾きやすいけれど、乾燥に強くて花がら摘みも必要ない手間なし草花で乗り切りましょう。

チューリップは地植えなら乾き気味でも大丈夫。4月のベロニカ‘オックスフォードブルー’①から5月はセラスチウム②にバトンタッチ。

セラスチウム

ナデシコ科／耐寒性多年草／開花4～6月／草丈10～20cm　シルバーの葉とたくさん花を咲かせる姿が魅力的。白い花はほかの植物とも相性がよく、花後もカラーリーフとして楽しめる。乾燥に強いので花壇の縁取りに。

エリゲロン

キク科／耐寒性多年草／開花4月～晩秋（休みながら）／草丈約20cm　白で咲き始めた花はピンクに変化して次々に開花。こぼれダネでもよく殖えて、土がほとんどない場所でも根づく。乾いた場所を好み、蒸れに弱い。

スーパーランタナ‘サニーイエロー’

クマツヅラ科／半耐寒性常緑低木／開花6月～晩秋／樹高30～50cm　開花期が長く丈夫で育てやすいランタナ。従来の品種よりよく分枝して花つきがよい。熱帯原産で暑さと乾燥に強く、花壇では水やりの必要がない。

ポリゴナム（ヒメツルソバ）

タデ科／耐寒性多年草／開花5月～晩秋（休みながら）／10～20cm（ほふく性）　ボール状の小花が群れ咲く姿がかわいらしく、秋には葉が紅葉。霜で傷んでも翌春にはまた咲きだす。暑さと乾燥に強くグラウンドカバーに最適。

手間なく育てられるうえ、何度も咲いたり
どんどん殖えたり、お得感のある植物を紹介。

植物カタログ

こぼれダネで咲く

草花の中にはこぼれたタネから翌年また咲くものがあってワクワクします。生命力の強さが感じられ、手間なくお得だから嬉しい。わが家の庭ではこぼれダネ育ちがたくさん咲きます。ここで紹介する草花がこぼれダネから咲かなくても諦めず、2年続けて苗を植えると3年目に発芽ラッシュが始まる「こぼれダネ3年説」もお試しください（↓P98）。

バラやクレマチスと相性抜群の白い花、オルレアは当初こぼれダネで育たなかったけれど、3年目にいっぱい咲きだした。

タネから育てていたシレネは庭のあちこちにタネが飛んで咲くように。ブーツ型コンテナはもうタネまきなしでシレネ専用。

オンファロデス

ムラサキ科／一年草／開花４～6月／草丈30～40cm　白い小花が群れ咲き、カスミソウのような雰囲気。苗はあまり流通しないが、タネは直まきでよく育ち、タネとりも簡単なのでおすすめ。どんな花ともよく似合う。

クリサンセマム‘ノースポール’

キク科／一年草／開花12～4月／草丈15～30cm　とても丈夫で長く咲き続け、春には株が大きくなり花もいっぱい咲かせる。こぼれダネでもよく殖える嬉しい花。いまはレウカンセマムと呼ばれる仲間を代表する園芸品種。

ミヤマオダマキ

キンポウゲ科／耐寒性多年草／開花4～5月／草丈10～30cm　植えっぱなしで毎年咲く多年草、こぼれダネで庭のあちこちに咲きだす。植えても数年で途絶えがちなセイヨウオダマキとも交雑する。

カレンジュラ‘冬しらず’

キク科／一年草／開花11～4月／草丈10～20cm　オレンジ色の蕾も愛らしく、日差しを受けるとパッチリ花弁を開く。毎年こぼれダネから発芽して、晩秋から5月前まで咲き続ける。丈夫で雑草のようなたくましさがお見事。

シレネ・ペンジュラ（フクロナデシコ）

ナデシコ科／一年草／開花5月／草丈20～25cm　種類豊富なシレネは数種を育てている。なかでもコンパクトなタイプはこぼれダネからピンクの花々が群れ咲くお気に入り。‘セリーナ’ や’ ピンククラウド ‘など。

ネモフィラ‘プラチナスカイ’

ムラサキ科／一年草／開花4～5月／草丈20～25cm　ネモフィラはどれもこぼれダネでよく発芽する。このシルバーリーフの園芸種は茎を切り詰めると、分枝してまた開花するので長く楽しめるが、寒さにはやや弱い。

カンパニュラ‘アルペンブルー’

キキョウ科／耐寒性多年草／開花5～6月／草丈20～30cm（ほふく性）　星形の花を咲かせながら株を広げる、わが家のシンボル的な花。大きく育った株を株分けする（→P99）のも簡単だし、こぼれダネはレンガの間からも。

サマーポインセチア

トウダイグサ科／非耐寒性低木（一年草扱い）／観賞7～10月／草丈20～60cm　ユーフォルビアの仲間で、赤く色づくのは葉なので長く楽しめる。こぼれダネから初期に出る葉はバイオリン形ではないので雑草と間違えないように。

オルレア

セリ科／宿根草（一年草扱い）／開花4月中旬～5月／草丈約50cm　寒さに強いものの暑さに弱いので、日本では一年草扱い。半日陰でもこぼれダネでよく育つ。おもしろいのは草丈を周囲の草花とそろえて咲く傾向。

植物カタログ

返り咲きが楽しめる

花後に花茎を切り戻すとわき芽が伸びて二番花が咲いたり、1年に数回咲く四季咲き性の草花はお得感があります。また、オシベが弁化している八重咲きクレマチスや、萼が花弁に見えるクリスマスローズは長く楽しめます。

咲き進んだ八重咲きのクレマチス‘白万重’は外側の傷んだ萼をはずし、花弁状になっているオシベだけ残すときれいに長持ち。

ダリア

キク科／半耐寒性多年草／開花6月～晩秋／草丈20～200cm　コンパクトタイプや早咲きタイプも登場し、鉢でも花壇でも幅広く楽しめる。夏は花数が減るが秋に再び咲く。宿根タイプの球根で最近の品種は寒さにも比較的強い。

クレマチス

キンポウゲ科／耐寒性多年草／開花（品種による）／草丈20～300cm　春～初夏に咲くクレマチスを花後に切り詰めると、またつるがのびて秋に咲く品種がある。わが家にある中では‘プリンセスダイアナ’や‘白万重’。

スーパーアリッサム‘フロスティーナイト’

アブラナ科／半耐寒性多年草／開花３～11月／草丈20～30cm（ほふく性）　栄養系スイートアリッサムの斑入り葉品種。咲きながら伸びる茎の先端を夏に切り戻すと、晩秋まで咲き続ける。挿し芽で冬越しもできる。

アルストロメリア

ユリズイセン（アルストロメリア）科／半耐寒性多年草／開花5～6月、10～11月／草丈20～50cm　鉢花で出回る草丈の低いタイプと切り花向きの高いタイプがあり、どちらも秋に返り咲くが、切り花向きのほうがよく咲く。

植物カタログ

挿し木で殖やせる

切り戻した低木や多年草の枝茎は挿し木で新苗に。お得で簡単な挿し木が大好きでせっせと殖やした植物を庭に植えつけ（↓P108）。品種登録されている（PVPマークのある）園芸品種は自分の庭だけで利用します。

6月末、蕾のついたスプレーマムの茎を鉢に直接挿す「ズボラ挿し」をして、ひと回り大きい容器に浸して底面給水したら7月中旬から開花。和風の小鉢に仕立てて草もの盆栽風に秋まで楽しめる。

ユーパトリウム‘チョコラータ’

キク科／宿根草／開花9～10月／草丈60～80cm　春～初夏の新葉がブロンズ色で魅力的。放任すると草丈が高く倒れるので、梅雨ごろに2回ほど切り戻して、切った茎を挿し芽にして殖やす。現在の分類はアゲラティナ属。

アジサイ‘ピンクアナベル’

アジサイ科／耐寒性落葉低木／開花5～7月／樹高約120cm　白花の‘アナベル’（→P19）の花色違い。寒冷地でも育てられ、春に花芽ができるので剪定は冬で大丈夫。挿し木は6月の開花中に行なって発根率50%ほど。

マム（キク）

キク科／耐寒性多年草／開花（品種による）／草丈10～50cm　スプレーマムは年間どれかが咲くほど多彩な品種がある。多年草だが、そのまま育てると見苦しい草姿になるので、成功率の高い挿し芽で新しい株を育てるとよい。

ヒペリカム

オトギリソウ科／耐寒性低木／開花5～7月／結実8～10月／樹高20～100cm　赤い実をつける一般的な品種とカラーリーフの‘トリカラー’を育てているが、どちらも挿し木の成功率が高い。赤い実を楽しんだ枝の整枝後に。

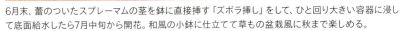

植物カタログ

コスパのよいブランド苗!?

同じ種類の花苗でも価格に幅があるのはなぜでしょう。品種名のプランツタグがついた苗の多くは新品種として登録されたもので、従来の品種にない魅力があって価格は少し高め。その中で種苗会社と契約した農家だけが生産する苗は「ブランド苗」と呼ばれ、さらに高めです。苗の品質は生産者の技術により、花つきや丈夫さが違うもの。ブランド苗は少々高くても、同じ種類の花とは思えないほど育てやすくよく咲いて驚くことがあります。

後方2鉢はビオラ‘ヌーヴェルヴァーグ’、手前の角形コンテナは植田光宣・寛美夫妻作出のビオラ‘レインボーウェーブ’、右はゲブラナガトヨのマーガレット‘マルコロッシ’。

上）最初に出合ったブランド苗フクシア‘エンジェルスイヤリング’。
左）後方は発売当初ブランド苗だったパンジー‘虹色スミレ エンゼルピンク’と‘ラブリームーン’。

お気に入りのパンジー＆ビオラを思い切り楽しむ！

個人育種家の活躍で毎年たくさんの新品種が登場するパンジーとビオラ。魅力的な顔ぶれはついつい育てたくなります。

育種家、江原伸さん作出のビオラ‘ヌーヴェルヴァーグ’は個体ごとに個性が際立つ。

ビオラ‘ヌーヴェルヴァーグ’

笈川勝之さん作出のビオラ‘横浜セレクション’

川越ROKAさん監修、大牟田尚徳さん選抜のビオラ‘エボルベ’

ゲブラナガトヨ作出のビオラ‘チョコベリー’

サカタのタネのパンジー‘絵になるスミレ ミュール’

サカタのタネ‘虹色スミレ’の‘エンゼルピンク’（前）と‘ラブリームーン’

植田夫妻作出のビオラ‘レインボーウェーブ ピンクローズビーコン’

植田夫妻作出ビオラ‘パピヨンワールド’

庭あそびコラムI

山野草の盆栽風仕立て

30年ほど前、イングリッシュガーデンの魅力に触れて始めたガーデニング。さまざまな植物を育てるなかで環境に合った植物が育てやすいと感じ、シニアになると日本原産の植物のよさもわかるように。一方で陶芸を始めたので、自分でつくった器に山野草などを植えて楽しんでいます。ちょっとした小鉢や皿に実生の小苗やコケを植えつけるだけの“盆栽風”。手のひらにのるほど小さな世界でも植物と対話するようにあそんでみませんか。

左）日本原産のプリムラ、シコクカッコウソウ。ときどき出かける富士山麓の庭（→P54）に植えたら群生したのでびっくり。
上）食品トレーに溶岩と赤玉土を入れてヘビイチゴやコケと植えつけ。

モミジのタネから育った小さな実生苗がかわいらしい。溶岩とコケを添えるだけで、手のひらに森を感じる。

山の庭に自生するフタリシズカを掘り上げ、陶芸教室の先生の手づくり鉢で草もの盆栽風に。小さな鉢は乾きやすいので水やりの手間がかかるが、表土が乾いたら1鉢ずつたっぷり水を与える。

モミジやサンショウなどを手づくり鉢に植え、盆栽をまねて枝に針金をかけてみた。似たような仕立てでいくつか集めると、大小のリズムが生まれて楽しい。

2章

手間のかからない庭づくり

一年中、庭を隅々まできれいにするなんてなかなかできるものでありません。手を抜いていても片づいて見える庭、統一感の感じられる色使い、見どころのある庭を目指しましょう。ハシゴにのぼって誘引していたつるバラは小さく仕立て直し、大きく育って手に余る植物などは手放す決断も必要です。年々厳しくなる夏の暑さには日陰を活用することをおすすめします。人も植物もホッとできる日陰の庭の魅力を見直してください。

手抜きでも見どころのある庭

バラを見直す&手放す

シニア向きのバラ

花や樹形は小型でも、花つきのよいミニバラは四季咲き性の品種が多くて楽しめる。病害虫にも強く草花のように管理が簡単。ほかには中型の房咲き品種なども扱いやすい

少女像りりーちゃんの足元を埋めるミニバラ‘プチシャンテ・ハッピー・トレイルズ’。多花性でクリーピングタイプ（這い性）だから、高い場所から枝垂れるように咲かせられる。

5月後半から6月に庭の主役になるバラ。わが家では消毒や化成肥料もなし、牛ふん堆肥だけで育てています（↓P66）が、毎年華やかに庭を飾ってくれます。ただ、シニアになると高い場所での誘引作業は危ないし、散った花びらの掃除も大変。バラとの付き合い方を見直す必要に迫られました。つるバラは手の届く高さに仕立て直し、花は小さくてもたくさん咲くミニバラを楽しむことにしたのです。ガーデニングの手を抜いても庭には新しい見どころが誕生。育てきれないバラは、気に入ってくださる方に譲るのもよいでしょう。

小型のつるバラ‘ローゼンドルフ・シュパリースホープ’はベンチ後方、高さ120cmの石壁に添わせ、手の届く高さに仕立てている。

シニア向きの仕立て

つるバラでもトレリスなどに誘引して、ハシゴを使わない高さで仕立てるのがおすすめ。ミニバラや四季咲きのバラはほとんどブッシュ樹形なので、剪定を繰り返してミニバラなら高さ30cmほど、コンパクトなパティオローズなら100〜130cmに仕立てると花も見やすい。

バラの見直し方

日陰の通路で光を求めて出窓上に誘引していたバラ‘フランソワ・ジュランビル’。ハシゴにのぼる誘引は危ないので、切り詰めて低いトレリスに仕立て直した。

強健な黄モッコウバラだが、シニアには花がら掃除や勢いがよいシュートの管理が大変。フェンスが壊れたのを機に、根は残したまま株元から切った。

庭にフォーカルポイントを

大型の木製オベリスクをフォーカルポイントに、小型オベリスクでスイートピーの咲く立体感ある花壇が目を引く。

庭の見どころはきれいに咲く花ばかりとは限りません。和風の庭に灯籠などが置かれるように、洋風の庭ではベンチや彫像のようなガーデンオーナメントが目を引くポイント（フォーカルポイント）になります。庭の隅々まで手入れが行き届いていなくても、視線を集めるフォーカルポイントがあると雑然とした印象を与えにくいものです。わが家の庭でも少女像りりーちゃんのコーナーなどにSNSで多くの「いいね！」をいただきます。気に入ったオーナメントと草花の組み合わせでステキなシーンをつくるのは楽しみです。

オベリスク

古代文明の石柱を模した塔状の工作物。
多彩なタイプがあり、つる性植物を絡ませる。

設置のコツ

オベリスクは強風でも倒れないように、深く掘った穴にレンガの破片などを詰めて安定させるとよい。

フォーカルポイントの比較

同じ場所でもジョウロのあるほう（左）が庭にインパクトがある。

テラスとベンチ

人工石を並べたテラスやベンチなども庭のアクセントになる。鉄平石の石壁は職人さんに積んでもらった。

▲ After

もとは和風だった庭に石敷きテラスと石壁を設け、ベンチを置いた。

Before ▶

花壇に咲く花が少ないときも、テラスのような場所があると鉢植えを飾って季節感を味わえる。シンプルな石壁は背景を隠して鉢植えの花を引き立てる。

安物を高級に見せるワザ

わが家のガーデンオーナメントはお小遣いの範囲のものばかり。石造りに見える噴水は合成樹脂製なので、テカテカした表面に白のアクリル絵具をタオルで塗って古びた感じに加工している。

加工前

加工後

循環式の噴水は夏の半日陰の庭に涼感をもたらす。

ガーデンオーナメント

動物などをモチーフにした置物やオブジェで庭の雰囲気づくりを。

庭でいちばん目立つ場所に置いた少女像りりーちゃんには、花を飾った写真を撮ってあそぶ。

シェードガーデンを明るくする婦人像には鉢植えを飾れる。大きく見えても高さ140cmほど。

銅葉カンナ‘トロピカーナ・ブラック’①が大株に育ち、ユーパトリウム‘チョコラータ’②は銅葉から緑葉に変化している。プチダリア‘ハミングブロンズ’③までは植えっぱなしの多年草で、一年草のコリウス④だけ補植した。

植物のボリュームで見せる

植物がのびのびと大きく育つ姿は気持ちがよいものです。庭の見た目にも、いろいろな種類の植物が少しずつあるのは散らかった印象になりやすく、大きな株がドーンとあるほうが片づいた印象でインパクトがあります。ガーデニングを始めたころは植物をあれこれ集めて咲かせていましたが、このごろは種類を絞って大株に育てたり、同じ植物を数株ずつまとめて植えるようにしています。植物は性質や育ち方がそれぞれ違うので、エリアごとに種類が限られているほうが世話をする手間もかかりません。

主役が入れ替わる庭

手をかけなくても季節ごとに植物が育ち、ボリュームが変わって主役になる草花が入れ替わる庭は理想的。晩春のオルレアから初夏のクラウンベッチ、夏〜秋のカンナとユーパトリウムという組み合わせは、花の終わった株を片づける程度の手間で繰り返せる。

6月上旬

雑草よけのクラウンベッチが満開。旺盛に伸びるユーパトリウムはこの後、左手前だけ切り戻す。

5月上旬

こぼれダネでふえたオルレアが花盛り。宿根して5月初旬に発芽した銅葉カンナがのぞく。

ピンクのシレネがこぼれダネで庭のあちこちに群生。やりすぎるとクドイけれど、庭のテーマカラーになっている。

花色の統一感がある庭

群れ咲く花のボリュームで色の統一感を見せる。たとえば白花や白い斑入り葉などの植物を集めるホワイトガーデンをつくるには、ストイックに取り組まなくてはならない。だけど、こぼれダネで群れ咲いた花を生かせば、ボリュームで色の統一感を見せられる。全体ではなくて数カ所に密度をもたせるのがコツ。

ボリュームをコントロールする

大株になる多年草やこぼれダネで殖える植物は、ボリュームを楽しみつつもコントロールが必要。バランスが悪くなったり周囲の植物を覆ったら、根の広がりを制限したり株分けなどでボリュームを調整する。

旺盛に茂る斑入りイワミツバをコントロールして、駆逐されそうなアルストロメリアとのバランスをよくする。

アルストロメリアは球根を分け、少し土を盛り上げた高畝にして植えつけるとよい。

どんどん大株になる斑入りイワミツバは広がりを抑えるため、鉢に植えて花壇に埋め戻す。

春か秋におもな植物を掘り上げる。

花壇を広げて整備した小道でアジュガやシレネ・ユニフローラが咲く。

花壇の縁取りと小道

植物の株が大きく育って種類もふえると、庭はごちゃごちゃしてしまいがち。敷石を敷いた小道にも雑草が生えたりシバが入り込んだりする。ときには花壇の縁取りを仕切り直して小道を整備すると、いつもの庭がよみがえる。

手入れのラクな花壇を目指す

植栽スペースを限定する

花のあふれる庭は管理が大変です。手間を減らすためには植栽スペースを限定しましょう。レンガなどで花壇を区切れば、地続きの花壇より植える植物が少なくても見栄えがします。ボリュームもコントロールしやすく、目が届きやすいので植物の調子が悪くなっても早く気づき、管理の手間が省けます。這い性の多年草が広がったり、一年草がこぼれダネであちこちに咲く庭はナチュラルでステキですが、放任すると収拾がつかなくなるので注意が必要。芝生と植栽スペースも区切りをつけてスッキリ見せます。

つくり方

以前つくった花壇を同じタフステンストーンで手前に拡張、小道に再利用の乱形石を敷く計画。

防草シート（→P65）を敷いて石を組み合わせて置き、数日は踏み固めて一度取り外す。セメント1：砂2を練ったモルタルで目地を埋めて石を敷き詰める。

芝生が入り込む石敷きテラス沿いの花壇を仕切り、チューリップとネモフィラを咲かせる。

芝生と花壇を区切る

芝生のまわりに設けている植栽スペースはいつの間にかシバが侵入する。芝生と隣り合いながらも、草花が駆逐されない花壇を設けるため、畦（あぜ）板によって植栽スペースを区切ってみた。石で囲む花壇と違って自由なカーブを描けるのがよい。

つくり方

水田に使うウエーブ状の畦板（高さ25cm）を埋めて植栽スペースを区切る。

細く深い溝を掘るのに便利なシャベル

牛ふん堆肥と培養土を混ぜた土を埋め戻す。

芝が入り込まなくなり、畦板も目立たない。

階段をつけた「動かせなかった庭石」に高さをそろえて鉄平石を積んだ。こぼれダネのネモフィラとチューリップはステージに咲いたよう。

腰にやさしいレイズドベッド

石と庭木で構成されていた和風の庭を、草花を育てる洋風の庭に改造したとき、動かせない大きな石をそのまま生かしてレイズドベッド（腰高花壇）ができました。高さのある花壇は水はけがよく、高低差を生かした植栽が楽しめ、日陰では地面より明るくていいことずくめ。そしてシニアになると、作業するのに腰を落とさないですむのがどんなにラクか実感しています。わが家ではプロに施工してもらいましたが、簡単につくれるＤＩＹキットもあります。

高さのある花壇でできること

わずか数十cmでも高さのある花壇は庭に立体感をもたらす。地べたで見下ろしていた花が目の高さに近づくと新たな魅力に気づき、高低差を生かした多様な見せ方を工夫できる。

レイズドベッドからミニバラを枝垂れさせ、地面からはジギタリス‘イルミネーション’が伸びる。

同系色のシラー・ペルビアナとミヤマオダマキは高低差をつけて。

わずか40～50cmでも高さがあると、しゃがみこまなくても作業できるので、腰や膝の負担が少ない。

日陰でも水はけのよいレイズドベッドから、カンパニュラ‘アルペンブルー’がシャワーのように咲きこぼれる。

レイズドベッドのつくり方

穴のあいたレンガに鉄筋（鉄棒）を通してモルタルで積み上げ、最上段は穴のないレンガを積む。用土がたくさん入るので、ちぎった発泡スチロール片を敷いて底上げするとよい。

上）レンガが崩れないように鉄筋を通して積む。
下）完成したレイズドベッドと収納ベンチ。

下向きに咲くクリスマスローズもレイズドベッドでは、花の顔がのぞきやすい。

作業しやすい花壇のステップストーン

噴水わきの花壇にステップストーンを設置。土に近い色の石を選んでいるが、春にオレンジ色のカレンジュラなどが繁茂すればすぐ見えなくなる。

ちょっとした足場でラクをする

植物を踏まないように無理な姿勢をするのはシニアには禁物。足場が安定すると作業は想像以上にラクになる。

応用編　鉢植えを飾るのにも便利

庭に鉢植えを飾る場合もステップストーンが鉢植えを引き立て、泥はねも防げる。

ステップストーンとは庭や芝生の中に置く敷石のことです。庭に誘導するアプローチづくりに欠かせないし、雨でぬかるんだ地面を避ける実用性もあります。ただ、ここで提案したいのは花壇の中に設けるステップストーン。奥行きのある花壇は手を伸ばしても届かないし、雨の後は足を踏み入れるのもおっくうです。作業用の足場ができれば、周囲の植物を踏みつぶしたり土を踏み固めてしまう心配がなくなります。ガーデンシューズも泥だらけにならないすぐれもの！　花壇に鉢植えを飾る置き場所としても重宝です。

冬枯れたレイズドベッドにホームセンターで購入した敷石を作業しやすい動線に敷いた。左側の階段は鉢植えのディスプレーに使いたいので、右側に出入りできるようステップをつなげた。冬枯れた時期は庭のプチ改造に最適。

これだけいじっても3月にはこぼれダネのネモフィラなどが発芽して花壇を埋める。

チューリップ①、開花前のミニバラ②とヤグルマギク③、ネモフィラ・マキュラータ④と‘インシグニスブルー’⑤。ステップストーンは目立たなくなる。

こぼれダネマジックに注目

植物が冬枯れている間に、ステップストーンを敷いたり植栽スペースを区切るような庭のプチ改造をする。同時に、かたくなった用土に牛ふん堆肥をすき込む土づくりも行なう。それでも、春にはこぼれダネからネモフィラやシレネなどが発芽するので、まるでマジックのような生命力に驚かされる。このこぼれダネを植栽に生かすのも楽しい（→P98）。

左）11月にチューリップを植えた場所に、3月になるとこぼれダネのネモフィラが発芽。
上）ネモフィラを間引くこともなく、4月中旬にそろって開花。

残暑厳しいころのシェードガーデン。9月初旬の半日陰（→P9）では大きく育ったカンナ①のまわりをコリウス②が彩り、ルドベキア③がこぼれダネで咲いている。

日陰の庭をフルに生かそう

猛暑がしのげる＆楽しめる

隣家の建て替えでわが家の東側が日陰の庭（シェードガーデン）になったとき、仕方ないと思いながらもがっかりしました。日陰＝花が咲かないと思い込んでいたからです。ところが、日陰でも驚くほどたくさんの花が咲き、水やりや草取りの手間が少ないことがわかりました。とくに暑さ厳しい夏は、朝水やりをした炎天下の植物たちが夕方にはぐったりするのに比べ、日陰の庭の植物たちは葉色もきれいなままで元気いっぱいです。暑さで傷んだ植物は日陰に避難させ、わたしも日陰を吹き抜ける風に息を吹き返す思いがします。

明るい日陰（→P9）に持ち込んだ鉢植えの赤いダリア。サマーポインセチアの赤い葉や赤系のコリウスとよく似合う。

カラーリーフが彩る夏の日陰

丈夫で手間のかからないリーフプランツも、夏の強光線で葉色が悪くなったり葉先が傷みやすい。日陰ならみずみずしさを保てて美しいから、夏はカラーリーフが大活躍。花は少しでも、面積の広い葉がブロンズや白の斑入りなどで庭に変化をつける。

7月末の半日陰のレイズドベッドを明るくする白い柵を背景に、わい性の銅葉ダリア‘ハミングブロンズ’①が映える。白い小花を散らすユーフォルビア‘ダイアモンドフロスト’②や白い斑入りイワミツバ（エゴポディウム）③などが涼しげ。

斑入りの葉も日陰を明るくするサンパチェンス‘スプラッシュホワイト’と、コリウスやスイートバジルの組み合わせ。明るい色の葉や柔らかいバジルは強光で傷むから日陰で。

涼しげな色形で憩う

『日陰でよかった！』というポール・スミザーさんの本にとても共感するのは、日陰で生き生き育つ多くの草花を知ることができたから。群れ咲く白い小花や風にそよぐ葉で涼感を演出した夏のシェードガーデンで、一息つきながら庭あそびを続けよう。

応用編 日向で傷んだ鉢花を養生

日当たりと風通しのよい場所を推奨されるダリアも猛暑は苦手。強光線で葉焼けして花つきも悪くなった鉢を半日陰に移動すると、元気を取り戻して蕾も次々に上がりだした。

5月下旬のシェードガーデン。左側の半日陰ではクレマチス①やジギタリス②、カレンジュラ③が咲く。右の明るい日陰にも咲く白花のオルレア④や、紫の多年草カンパニュラ' アルペンブルー' ⑤はこぼれダネでも殖えている。

意外に多い日陰で育つ植物

シェードガーデンができてから日陰で咲く花を探してきました。すると、あるある！意外にたくさんの花が日陰で楽しめるのです（→P24）。たとえばプランツタグに「栽培は日当たりで」と書いてあるビオラが日陰で咲き続け、夏の暑さに弱いフクシアは家の北側、暗い日陰の地植えで何年も元気にしています。「うちの庭は日陰だから」とガーデニングを諦めている方に、日陰でも咲く花はいっぱいあると知ってほしいです。また、同じ日陰でもハンギングバスケットやレイズドベッドのように少しでも高い場所は明るさが違います。

4月、北側の暗い日陰に置いてあるコンテナではビオラと、植えっぱなしのベロニカ‘オックスフォードブルー’や斑入りツルニチニチソウがあふれんばかりに咲く。

どんなタイプの日陰でも何かが咲く

日陰には光線の当たり具合によって半日陰や明るい日陰、暗い日陰というタイプがある（→P8）。暗い日陰ではヤツデなどの陰樹しか育たないと思われているが、水はけや風通しなどをよくすれば、どんなタイプの日陰にも適した花を見つけられる。

右の写真から2年後の5月下旬。壁面に高く誘引していたバラは手の届く高さに下ろしてもよく咲き、こぼれダネでボリュームの出たオルレアは後片づけが大変なので、シノグロッサムなどを咲かせている。大好きなカンパニュラは変わらずに、歳とともに管理しやすいシェードガーデンを目指して。

開花鉢を長く楽しむ

見事に咲いている開花株を鉢植えで買った場合、春～秋はシェードガーデンに置くと花が長もちする。写真は5月に買った鉢花を植え替え、7月末にヤマボウシの木陰でまだ元気なアジサイ‘マジカルレボリューション’。

草丈1mにもなるカリガネソウは5～6月に2回切り戻して支柱なしで咲かせる。

プリムラ‘ベラリーナ’とビオラのロマンティックな組み合わせ。斑入りグレコマも明るさを添えて。

初夏から晩秋まで広がりながら咲く栄養系トレニア‘カタリーナ ブルーリバー’。

1月に明るい日陰に植えたプリムラ‘ウインティー’は5月まで咲いてアジュガとも競演。

日陰の庭の楽しみや見せ方

シェードガーデンを明るくする婦人像。足元にカンパニュラ‘サラストロ’（青花ホタルブクロ）が咲き、カンパニュラ‘アルペンブルー’が広がる。右手に抱えるのもカンパニュラ。

5月下旬〜6月上旬

日陰でも一年中、何かが咲く

真冬の日陰でもビオラやガーデンシクラメンなど、耐陰性の高い草花が咲く。早春にはクリスマスローズやプリムラが咲きだし、一年を通して彩りが絶えることはない。

シェードガーデンには日陰ならではのしっとり落ち着いた雰囲気があります。また、白色の花や斑入り葉、婦人像のような白いオーナメントや背景の柵を取り入れることで明るさをプラスすることも。日陰のイメージがずいぶん変わります。前ページで紹介したように日陰で咲く花は多いので、一年中、何かしら楽しめるし、カラーリーフを組み合わせても趣が出ます。酷暑・猛暑が続く夏が当たり前になっているので、半日陰や明るい日陰が植物や人にとって過ごしやすい、やさしい場所になっていくのかもしれません。

カンパニュラの奥には黒花フウロや白いタナセツム・ニベウム‘ジャックポット’などの宿根草も。

自生種のホタルブクロが咲く林の縁などに似た環境かもしれない。

白やピンクのセイヨウオダマキ①、ペンステモン‘ハスカーレッド’②、草丈低いアジュガ③が咲く。どれも葉の色形が個性的。

白い柵を背景にした半日陰のレイズドベッドでは華やかな八重咲きのクリスマスローズに、ビオラやプリムラの小花たち。

婦人像の背景にアジサイ‘ピンクアナベル’が群れ咲く。手前は黄花を咲かせるヒペリカム‘トリカラー’。

ユーフォルビア‘ダイアモンドフロスト’があふれ咲き、葉色の冴えたコリウスの下でこぼれダネのポリゴナムが満開。

庭あそび　コラムⅡ

富士山麓の庭あそび

自生しているイチリンソウを掘り上げた鉢植えは、林の薄暗さの中で引き立つ。

かつて子どもたちを遊ばせるために通っていた富士山麓の庭。10年ほど前から山の庭あそびがしたくてまた訪れるようになりました。うっそうとした林の中に転がる溶岩や、いろいろなコケ、みずみずしい林床の植物があそび相手です。花壇などありませんが、お店で買った山野草や地元原産という多肉植物などは、土のほどんどない岩の間に植えても元気に育ちます。自然に少しだけ手をくわえる庭あそびで寄せ植えやテラリウムがつくれます。

❶庭に自生しているエンレイソウ。ほかにもユキモチソウやマムシグサなどは八王子でも地植えで咲いた。
❷山梨に自生するというイワレンゲの赤葉品種は寒さに強い。大きな石のすき間に植えたときに水やりして放っておいても、朝霧の水分で子株がいっぱいに。
❸園芸種のイカリソウとバイカカラマツを岩のくぼみに植え付けて、落葉樹の庭に積もる腐葉土をかぶせただけの寄せ植え。山の環境が手間を省く山野草栽培。
❹5月の連休にやっとスイセンが咲きだす富士山麓の庭。
❺コケむした溶岩を山の庭から持ち帰り、大型のガラス花瓶に入れたテラリウム。ただし、湿度の違いから八王子でみずみずしさを保つのは難しい。

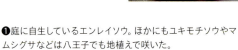

3章 ツボを押さえて庭仕事を簡単に

植えっぱなしで毎年咲いてくれる多年草や花木でも日々のお手入れは必要。栽培の手間を最低限にするにはどうしたらよいでしょう。植物を枯らしてしまう水やりの失敗はどんなときに起きやすいか、経験から得た注意点を紹介します。薬剤を使わずに病虫害をできるだけ抑える工夫や暴れがちな草姿を整えるアイデアなど、管理のツボを押さえて庭仕事をラクに。そして、庭の最大の敵ともいえる雑草との闘いにはあの手この手で挑みます。

翌年5月中旬、高さ180cmのトレリスいっぱいに開花。

ポイント▶▶

①自分で敷石を並べた花壇に、市販のアイアントレリスを設置。②10月中旬、敷石とトレリスの間にスイートピーのタネを直まきする。③12月初旬、つるが伸びたらテグスでトレリスに誘引。誘引すると植物が安心するのか、株が元気になる。

見栄えよく草姿を整える

つる性植物や低木の誘引

平面的な植栽に立体感を出すには、樹木やつる性植物が役立ちます。なかでも狭い庭では低木とクレマチスなどのつる性植物が重宝。つる性植物はトレリスやオベリスクなどに誘引すれば、好みのスタイルに仕立てられます。つるは成長が早いので、トレリスなどをあらかじめ設置してから植え付けましょう。誘引グッズはいろいろ市販されていますが、わたしの愛用品は100均でも買える釣り糸のテグス。ふんわり結べてつるを傷めず、目立たないので草姿が見栄えよく整います。生育旺盛な低木もオベリスクなどに誘引可能です。

つるバラの誘引例

バラは休眠期の冬に残った葉をすべて取り除き、2〜3年経った古枝を剪定してから誘引する。枝はできるだけ横に誘引することで、すべての芽に養分が行き渡る。

5月下旬

4月上旬

半円柱形のラウンドトレリスでつるバラを誘引すると、壁面の樋やケーブルを隠せる。以前はそのまま写真右の出窓上に誘引していた（現在は→P37）。

2016年7月

満開から1カ月で赤い実がなり、切り花にも使い放題！

低木のスクリーン仕立て

ヒペリカムやロータス‘ブリムストーン’のような低木もクレマチスのようなつる性植物も、トレリスに誘引することで立体的なスクリーンのように仕立てられる。

2016年6月

冬は落葉した枝を剪定・誘引して、2年後には高さ150cmほどの花のスクリーンに。

2014年6月

2013年に買ったヒペリカムを挿し木で殖やし、高さ150cmのトレリス際に植えつけ。

暴れる株をまとめる

スイートピーのつるが巻きつける場所がなくても、立ち上げた茎全部をテグスで一周して支柱にくくって育てる。

テグスでまとめる

トレリスやフェンスがなくても、つる性植物や広がりやすい暴れる株は目立たないテグスでまとめて、草姿を整えられる。

▼ポイント

草花や低木の中には、大きく育ったり花の重みで倒れやすいものがあります。倒れてしまうと傷みやすく、まわりの植物も被害を受けるので、できるだけ倒れにくい植物（↓P26）を選ぶのがおすすめです。倒れやすいものは釣り糸のテグスを株全体に一周まわしてまとめたり、花芽ができる前に茎を切り戻して草丈低く仕立てます。雨風などで倒れたものを引き起こすより、よほど手間がかかりません。しかも、茎を切り詰めるとわき芽が伸び、こんもりコンパクトな株に花数がふえて一石二鳥です。

◀◀ポイント

ボール状の装飾花に対して茎が細いアジサイ‘アナベル’は倒れやすい。テグスで株全体を一周してくくると倒れにくくなる。

切ってまとめる

草丈が高くなって倒れやすい植物は、成長期に茎を何度か切り戻してコンパクトな草姿に仕立てる。晩夏～秋に咲く花なら春～初夏に「切って！切って！」育てると、茎が分枝して花数もふえる。

左）植えっぱなしの銅葉カンナとユーパトリウム‘チョコラータ’はそのまま育てると同じくらいの草丈でボリュームを楽しめる（→P40）。
上）ユーパトリウムを梅雨時に2回ほど、株の1/2～2/3ほどに切り戻す（下）とコンパクトで倒れにくい草丈にまとめられる。

ポイント▶▶

切り戻す位置は葉の出ている節のすぐ上。葉のつけ根からわき芽が伸びて茎数がふえる。

応用例

ルドベキア‘タカオ’は草丈100cmほどになるが、通路際などは5～6月に切り戻して20cmほどでかわいらしく花いっぱい。

草丈120cmほどに育つサルビア・ガラニチカ（メドーセージ）は、春～初夏に3回ほど切り戻して20～30cmほどに。

やっかいな雑草との闘い方

ちょこっと除草のすすめ

シニアは無理せずに暑さが峠を越してから、シュウメイギクや宿根アスター‘ミステリーレディー’で秋の花壇に整備した。

▼ポイント

このくらいのサイズ、密度のうちに除草したい。

ブログなどではできるだけきれいな写真をお見せしていますが、実際の庭は草が生い茂ってしまうこともあります。庭仕事の多くは雑草との闘い、シニアには厳しいものです。そこで、わたしが心がけているのが「ちょこっと除草」。抜きやすい小さいうちに雑草を見つけて、ちょっとした時間に抜いてしまうとラクです。多年草がびっしり育っている花壇は雑草が生えにくいので、中途半端に土が見えている場所をチェックします。ただし、こぼれダネなどで生えだした一年草の幼苗とまちがえないように気をつけてください。

埋もれた草花はほぼ枯れてしまったので、抜き取るしかない。

6月中旬、ブルーベリーにヤブガラシが絡みつき、ドクダミに覆われた花壇。

こぼれダネを見分ける

タネを直まきしたりこぼれダネが育つ花壇では、雑草とまちがえて抜かないように気をつけよう。幼苗の姿も覚えておきたい。

こぼれダネで発芽したネモフィラ①と、ハコベ②やドクダミ③やカタバミ④を見分ける。

オダマキの幼苗（大）とカタバミ（小）は葉の形が似ている。

やっかいな雑草の幼苗カタログ

繁殖力旺盛など、やっかいな雑草は幼苗のうちに見つけたい。

スギナ　ツクシの栄養茎でハーブとしても利用される。地下茎で殖えてやっかい。酸性土壌を苦土石灰などで改良する方法も。

ドクダミ　根にも独特の香りがあるハーブ。ちぎれた地下茎からも繁殖するほど強健だが、タネからは殖えない。

チドメグサ　水中でも繁殖してアクアリウムに使われる。茎が地を這うので芝刈りでも生き残りやすい。

ヒメオドリコソウ　ヨーロッパ原産の帰化植物。花はかわいらしくても爆発的な繁殖力で、在来種を駆逐する。

スズメノカタビラ　秋に発生して春に花穂を立ち上げる一年草なので、タネを結ばないうちに除草する。

ナガミヒナゲシ　地中海沿岸地方原産で観賞用として入ったものが雑草化。多くのタネをもつので開花直後に除草。

花壇の草取り コツのコツ

白花の宿根イベリスとこぼれダネから咲くカレンジュラ‘冬知らず’の組み合わせを数年楽しんだ。

①②宿根イベリスにドクダミなどが絡みついたので、イベリスを掘り上げて水を入れた容器で養生。

③一斉除草した80cm四方ほどの花壇からは、ドクダミの地下茎や根がたくさん出てくる。取り除いて牛ふん堆肥を入れて土づくり。多年草の宿根イベリスを戻して、植栽をやり直す。

すでに多年草が茂っている花壇は雑草が侵入しにくいけれど、草花と入り交じってしまうと抜きにくいものです。ドクダミなどの地下茎ではびこるタイプは抜いてもすぐに復活するので、ときには多年草の整理を兼ねて花壇の一斉除草をします。地中に伸びた地下茎を根こそぎ掘り出したついでに、牛ふん堆肥をたっぷり入れてフカフカな土づくりをすると、あとで生えた雑草が抜きやすいという効果も！ また、砂利や芝生の中、レンガや敷石のすき間など、雑草を抜きにくい場所には身近なアイテムが役立ちます。

草取りをラクにする土づくり

カチカチになってしまった土の除草は大変。よく耕して堆肥や腐葉土、培養土などをすき込むと土は団粒構造になり、フカフカになって雑草が生えてもスルッと抜ける。耕すとき地中に伸びている雑草の地下茎や根も取り除く。

牛ふん堆肥は肥料というより土壌改良が目的。堆肥や腐葉土は完熟したものを使おう。

やりにくい場所も身近な道具で手軽に！

「なんでこんなところに生えるの!?」という迷惑な場所別に除草の便利アイテムをご紹介。

清掃で利用するガムはがしやお好み焼きのヘラは、狭いすき間にぴったり。

草刈り鎌の刃を傷めそうな砂利の中には、フォークを差し込んで根ごと抜く。

芝生

芝に絡みつく頑固なスズメノカタビラも、フォークで根ごと簡単に抜ける。

ヤブガラシ対策

体調を崩して1カ月も庭に出られなかったとき、ヤブガラシが猛威をふるってブルーベリーを倒し（右）、バラを枯らした（右下）。根こそぎ抜いても抜ききれないつる性の雑草は、絡んでいるつるを引きずり下ろして放置すると枯れる。ただし、完全に枯れるまで日にちがかかるので地上部を取り除くと、また伸び出したつるは細くて勢いも弱まるので刈り取る。

雑草を防ぐ植物とシート

雑草に負けないグラウンドカバー

小花の群れ咲く多年草のグラウンドカバーでステキに雑草対策。丈夫なお気に入りをご紹介。

ポリゴナム（ヒメツルソバ）
6月に切り戻して花をふやす。紅葉を楽しんだ後、霜で地上部は消える宿根タイプ。

ベロニカ‘オックスフォードブルー’
新しく伸びる茎に花が咲くので、前年伸びた茎を3月に切り戻すとよい。

斑入りツルニチニチソウ
今年伸びる茎に花が咲くので、新葉が出てきた時期に前年の茎を切り戻す。

アジュガ
春の開花前に前年の葉を取り除くと、つやつやの新葉が育つ。日陰に強い。

カンパニュラ‘アルペンブルー’
這い性の品種で5月下旬の日陰の通路を花で埋める。こぼれダネでも繁殖。

斑入りグレコマ（カキドオシ）
日陰を明るくする斑の入らない葉が先祖返りで出たら、その茎は切り取る。

草取りはどうしてもシニアに厳しいので、少しでも草の生えにくい環境づくりを目指しましょう。これまでも触れてきましたが、日陰や多年草がびっしり生えた場所は雑草が生えにくく大きくなりにくいものです。花壇の縁や小道の際など、土が見える場所は多年草の「びっしり植え」で雑草を防ぎます。草丈低く横に広がる多年草のグラウンドカバーを利用すると、雑草が生えにくくなるだけでなく、泥はねも防いで見た目もナチュラルです。いろいろ試しても雑草の生えやすい小道などには防草シートを敷いてみました。

4月下旬の「りすの小道」ではグラウンドカバーのアジュガや宿根イベリスが咲く。この後ベロニカ‘オックスフォードブルー’やネモフィラなどの花も楽しめる。

防草シートを敷いてみよう

枕木風の擬石を置いた小道（→P8図Ⓐ）は草取りしにくいので防草シートを敷いてみた。

塀際の花壇とツゲの植え込みに挟まれた小道を除草して、枕木状の擬石と周囲の土を取り除く。

小道の幅と長さに切った防草シートを敷き、別売りのシートピンでシートがめくれないように留める。

擬石を敷き直して周囲に土を戻す。コンクリート製の擬石は風化して味が出てきた。

シートを敷いて8年目の春。防草シートを敷いても雑草はいくらかは生えるが、根が深く張れないので草取りはラクになる。

薬剤を使わない病害虫対策

バラも野菜も無農薬で

2年半前に1本枯れたのがわからないほど旺盛に咲くバラ‘ローゼンドルフ・シュパリースホープ’（2019年5月）。

テラスの石壁南側に2本のバラが育っていた（2015年5月）。

バラのテッポウムシ被害

バラは意外に丈夫で多少の病虫害では枯れないが、カミキリムシの幼虫テッポウムシの食害は強烈。株元に食害した痕跡の木くずを見つけたら、侵入口から探って駆除する。

わが家の庭は花も野菜も同居スタイル、ペットの犬もいるので完全な無農薬栽培です。病害虫の被害が多いバラも消毒しません。とくに目立つ黒星病は病気が広がらないように症状の出た葉を切り取り、使ったハサミは消毒して病気のない株用と区別。アブラムシなどは手袋をはめてつぶします。無農薬では見事なバラ育てとはいかないけれど、とにかく病害虫に強い植物を選び、風通しや日当たりなどの環境を整えて病害虫に負けない植物育てを心がけています。野菜は病害虫の被害を少なく育てるにはコンテナ栽培が手軽です（↓P86）。

テッポウムシが食害した枝の穴と枯れた株（2016年10月）。葉がすっかり枯れてから気づいたので救えなかった。バラは株元を見やすく整理してよく観察することが大切。

野菜はコンテナ栽培がおすすめ

バラと同じく病虫害が気になる野菜。コンテナ栽培なら日当たりや雨の当たらない場所に移動できるので、野菜を健やかに育てやすくてトマトの実割れも防ぎやすい。露地植えよりナメクジなどの被害も少ない。同じ場所で毎年同じ野菜を育てることで生育が悪くなるなど、連作障害の心配もなく育てられる（→P86）。

春にスイートピーを楽しんだ花壇（→P56）で、夏は野菜を楽しむ。草丈の高いトマト①はトレリスの前に、コンパクトタイプ②は敷石上で、近年はどちらもコンテナ栽培。

ミニトマトは雨を避けると実割れしにくいから、ベランダで育てるのもいい。

珍しい紫のパプリカ‘パープルランプ’のように観賞価値も高い野菜は眺めも楽しみたい。

鉢縁が持ちやすい「つかめるポット」（→P86）にオベリスクを立てればキヌサヤも育てられる。

コツは被害の早期発見

殺虫剤などの農薬を使わないで病気や害虫の被害を減らすためには、早期発見が大切。ときには一晩のうちに株が丸坊主なんてこともありますが、早く見つけられれば被害の拡大を防ぎ、枯死するほどのダメージになりにくいものです。ふだんから庭をよく見回って観察することで、植物の異常を見つけられます。66ページで紹介したバラのテッポウムシ被害も、株元をよく観察していたら害虫の痕跡に早く気づけたかもしれません。植物を傷める犯人を早く探すコツをまとめました。

指名手配の害虫たち

前著『庭づくりの小さなアイデア』（農文協刊）に続き、庭でよく見かける害虫を紹介する。じっくり探して見つけ次第、捕殺する。

土中の微生物の働きを助けもするが、大量発生すると被害甚大。花や葉を食べるので捕殺する。

夜間に活動して植物を削り取るように食べる。移動した後に粘液の筋が残るので、追跡して捕殺。

クラブアップルの花も実も葉もボロボロ。葉脈を残して食べるのが特徴。幼虫は地中で根を食べる。

真冬に一晩でパンジーの花がすべて消えた。犯人はなんとヒヨドリで、食害するのは害虫ばかりとは限らない。茎を残して花だけ食べるのがヒヨドリの特徴。株は無事だったので花はまた咲いた。

犯人探しの5カ条

害虫被害を大きくしないために、犯人探しのチェックポイントを押さえよう。

第1条　残骸の周囲に目配りを

コンテナの下や地面に食べかけの花などが落ちていたら、犯人は近くにいるから探してみよう。

第2条　大事な蕾や新芽に用心する

ナメクジなどの害虫は柔らかい新芽や蕾が大好きなので、重点的にチェックしたい。

第3条　フンは害虫の目印

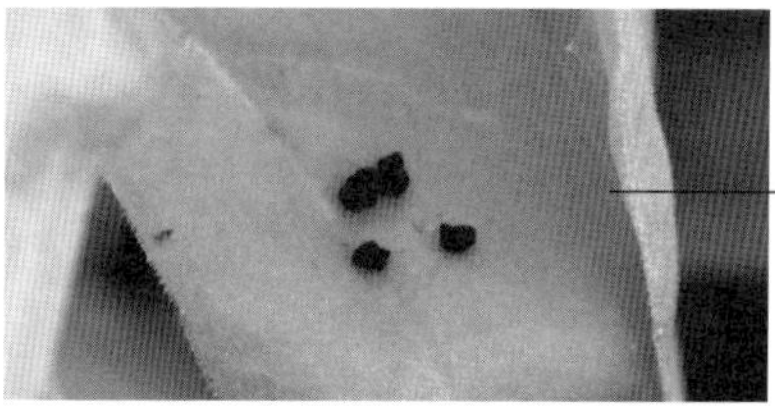

葉の上やベランダの床上に落ちている害虫のフンで、存在に気づけることが多い。

第4条　葉裏のチェックを怠るな

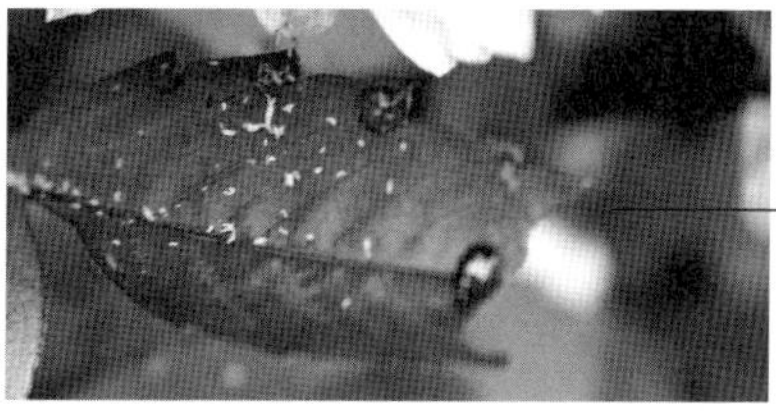

害虫によっては目につきにくい葉裏に潜むので、葉に異変があったら裏も確認しよう。

第5条　腐葉土に注意すべし

腐葉土にはダンゴムシやワラジムシなどが生息しやすいので、花壇に入れたら注意する。

虫害・鳥害を防ぐアイデア

ブログ仲間のアイデアや素人なりに効果のあったものを紹介。サイズや形を同じにすることで成果が得られる。

テッポウムシが幹に入り込んだ果樹の株元はA4クリアファイル5枚を連ねてガード。

ダンゴムシが大量発生した花壇に、水抜き穴を開けたペットボトルを埋めた落とし穴で捕獲。

光沢のあるリボンや幅広の荷造りヒモを50cm長さで植物の上に数本掲げる。コンテナの縁から鳥が入れないように高さ10cmのガードを設けたり、竹串の尖ったほうを上にして密に立てる。

大雨の後にコリウスやカンナがぐったりするのは、根や茎葉の表面から吸収した水の量が多く、葉から蒸散する水蒸気とのバランスが崩れているから。コンテナの水やりも用土が乾いてから行なうのがポイント。

水やりを極めよう！

失敗に学ぶ水やりのコツ

育てている草花を傷めたり枯らしてしまう原因の多くは、水やりの失敗ではないでしょうか。園芸では「水やり3年」という言葉があって、水やり上手になるには3年かかるとされるほどじつは難しいものです。失敗しながら気をつけるポイントを学んでいきますが、つまずいて諦めてしまう方も多いようです。わたしもたくさん失敗してきたので、そこから気づいたことを紹介します。ここでいう水やりはおもにコンテナ栽培でのことで、よほど乾燥が続いたり乾きやすい場所でなければ花壇に水やりはしません。

水は株元の用土に注ぎ、ことに冬は葉や花を濡らして傷めないように。

サンパチェンスのように水を好む植物は水切れさせやすいが、たっぷり水を与えて日陰に置けば数時間で復活することもある。ただし、何度も繰り返すと株が弱るから気をつけよう。

コンテナの水やり5カ条

第1条 植物ごとに水を欲しがるタイミングを把握しよう。

▶▶ 乾燥に強い植物や、多湿を好み水切れしやすい植物を覚え（→P27・73）、植物ごとに水やりの間隔を変える。開花期などは盛んに吸水するので気をつけて。

第2条 基本は用土が乾いたら、鉢底から流れ出るまでたっぷり与える。

▶▶ 根は吸水と呼吸をしているので、水浸しで呼吸できずに根腐れしないよう用土に乾湿をつける。水やりは土中の空気を入れ替えるようにたっぷりと。

第3条 水は植物の株元の用土に注ぎ、間隔をあけて数回与えるとよい。

▶▶ ときには葉水も与えるとよいが、花や葉に水がかかると傷むことがあるので注意。用土によくしみ込むように水は何度かに分けて与える。

第4条 季節や場所や気候により異なる用土の乾き方に注意しよう。

▶▶ 植物が成長しない冬は水やり回数を減らし、よく吸水する夏は朝夕2回与えることも。日差しや風の強いときは乾きやすいので注意する。

第5条 吸水が活発な午前中にできるだけ水やりしよう。

▶▶ 植物は午前中、盛んに吸水するので朝の水やりが望ましい。とくに冬は気温の下がる夜に水分が地中に多くあると根が傷みやすい。

冬の水やりにご用心！

第4条に書いたように冬は水やりを控えめにするが、与える水の量を減らすのではなく、間隔をあけるということ。ただでさえ寒くて手抜きがちになる冬の水やりを忘れずに。

冬に地上部が枯れるアスチルベなどの宿根草は水やりを忘れがち。用土が乾いていたら水やりしよう。

雪の積もった間は湿度は保たれるが、用土は乾いているので雪をどかして水やりする。

普段は水やりしない花壇も乾燥が続いたり、幼苗を植えたばかりの場合は水やりを。

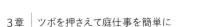

留守中の水やりを工夫する

「水やりがあるから旅行に行けない」という嘆きを園芸愛好家からよく聞きます。現役時代にできなかった旅もシニアの楽しみだから、留守中の水やりは大問題。すべてコンテナ栽培のベランダガーデナーは自動灌水装置を設置するほどです。庭はともかくコンテナは夏なら最低でも2日に1回、春秋でも3～4日に1回の水やりが必要。家族に頼むなら鉢をあまり日の当たらない場所に集め、ジョウロに水をくんでできるだけ負担を減らしましょう。日ごろから植物の水の好みを知っていると、鉢ごと水につけるなどの思い切った対策ができます。

幼苗の水切れ対策

タネまきして定植する前の幼苗は根も浅いのでことに水切れが心配。わたしは紙コップやお茶パック、大鉢などにタネまきするので、幼苗の乾燥を防いで水やりの手間を減らす方法を考えた。どれも1週間前後OK。

トレーや発泡スチロールの箱などがなかったら、庭の空きスペースに容器のまま仮植えしておく。

ポリポットなどの苗は発泡スチロールの箱に入れた深さ5cmの培養土を湿らせて埋める。

「水はけのよい場所向き」とされるルドベキア。水切れしたポット苗を水場に差し込んだら底面吸水で2カ月間も咲き続けた！

紙コップにタネまきした幼苗は水を深さ2cmためたトレーで底面給水させる。

大鉢に直まきした苗はそのまま水を入れたバケツにドボン作戦。

水の好みを知っておく

鉢植えで鉢土が乾きやすい植物は右ページのルドベキアのように、留守中は水につけて底面給水させるのもよい。一方、留守がちだったり水やりの手間をかけたくない場合は、乾燥に強い草花を利用しよう（→P27）。

水が好き！

クリスマスローズ

地植えでは乾燥に強いのに、鉢植えでは水を欲しがるので水切れに注意したい。

シュウメイギク

地植えではほとんど水やり不要だが、鉢植えで水切れすると葉が枯れやすい。

サンパチェンス

水が大好きで、庭植えでも植えつけ後の半月は水やりが必要。

乾燥に強い！

アイビーゼラニウム

ヨーロッパの窓辺を飾る代表的な花。高温多湿が苦手で水切れに強い。

マム

初夏～盛夏に茎を何度か切り戻して花数をふやす。開花中も乾きに強い。

ポーチュラカ

暑さや乾燥にとても強い多肉植物の仲間。西日が当たるような場所でもOK。

ルドベキア'タカオ'

土がないような場所でもこぼれダネで殖えるほど、丈夫で水切れにも強い。

庭あそび コラムⅢ

100均使いこなし ガーデニンググッズ

100均とクラフトが大好きなので、100均商品を利用して
さまざまなガーデニンググッズを手づくりしています。
日々のガーデニングにさっそく役立つものを集めてみました。

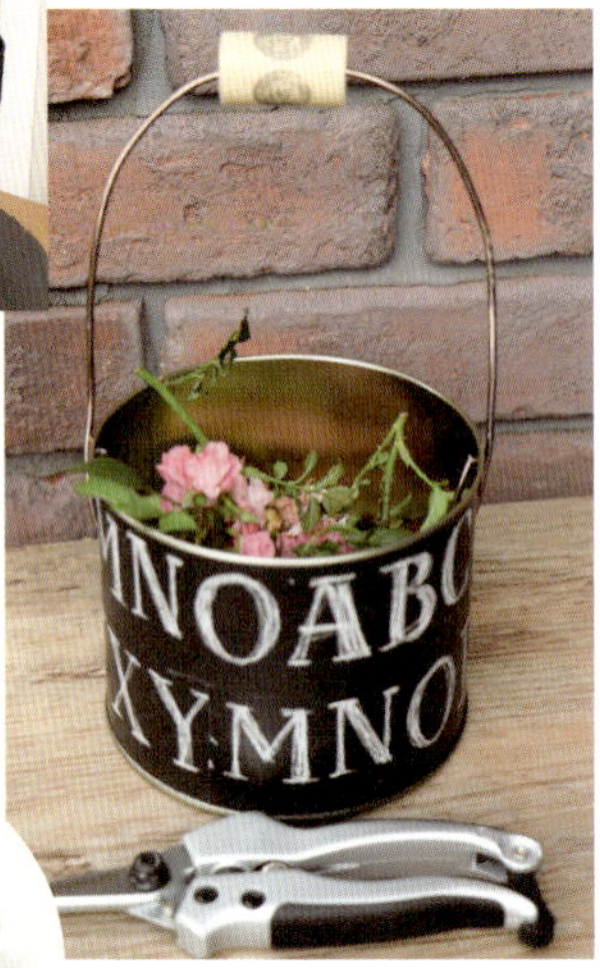

ダクトテープの缶カバー

種類豊富なダクトテープ（→P86）は、蚊取り線香などの空き缶に巻くとおしゃれ。ワイヤにコルク栓を通した取っ手をつけてミニバケツにしたり、室内で育てる植物の鉢カバーに。

ショッピングバッグコンテナ

マチがある大型のショッピングバッグは丈夫なので、コンテナとして繰り返し使える。ハサミで底に排水用の穴を数カ所あけ、発泡スチロールの破片を数cm入れて水はけをよくする。排水口用の水切りネットか不織布を敷いて培養土を入れ、花や野菜の苗や球根を植える。用土がたっぷり入り、使わないときは畳んで収納できるのもよい。

麻ひも染め

手芸店で売られている400円ほどの染料を熱湯で85℃に溶かし、3個パックの麻ひも1個を丸ごと30分ほどつけて染められる。染め上がりのムラを防ぐには、ひもをほどいて水に濡らして染める。染めた麻ひもは誘引のポイントなどに使ったり、巻いた状態の底を少しほぐして水で固まる土（ネルソル）をひもの巻き穴に入れ、多肉植物を植えてもおもしろい。

木製スティックラベル

長さ11.5cmのスティック（50本入り）は植物名を書くラベルにぴったりサイズ。アクリル絵の具をスポンジで塗ると耐久性と見た目がアップ！

4章 とことん楽しむ庭あそび

花をいっぱい咲かせたくてガーデニングを始めてから、いろいろなことがありました。家族がふえて愛犬モカがくわわったので、みんなが楽しく過ごせるように庭の仕掛けやあそびを考えています。野菜育てにも夢中になって、花と一緒にすき間やコンテナで栽培。菜園派とはまたひと味違った趣はいかがでしょうか。もちろん、花を育て花とあそぶ情熱は変わっていません。むしろ季節の変化や年中行事を植物とともにとことん味わっています。

家族や愛犬と一緒に過ごせる庭は大切な場所。

こどもやペットと楽しむ

安心してあそべる花育の場にも

上）バラ用のリング支柱に仕立てたミニトマト（→P83）がかわいくて、まだ使い慣れないハサミで一生懸命に収穫する。右）自分たちが遊んだプールの水で鉢植えに水やりを。

ブログでおなじみの愛犬モカがわが家にやってきたのは9年前。以来、わたしが庭に出るとお供をしてくれるので、モカと過ごす時間も庭での楽しみになっています。2人の息子がこの庭でガーデンウェディングを挙げたのも忘れられない思い出で、いまや孫たちとの庭あそびも休日の楽しみです。孫がビニールプールであそんだらプールに張った水を鉢植えに水やりしたり、自分で食べる分のミニトマトを収穫したり、庭の植物と触れあえるようにしたいもの。こどもやペットと一緒にあそべる庭づくりのアイデアを紹介します。

ヘンな形の植物

孫が「これなぁに?」と尋ねたのはユーフォルビア。ちょっと変わった色形に興味をひかれるらしい。

おいしいもの

ブラックベリーはブルーベリーのコンフィチュールと一緒にヨーグルトに入れてもおいしい。ミニトマトはモカも大好き。

さわれるもの

ピンクの花もかわいらしいオジギソウは触れると葉を閉じるのがおもしろくて、おとなでもやってみたくなる。

こどもやペットの好きなものを集めて

孫やペットと一緒に遊べるように、庭にいろいろな仕掛けをしてみませんか。たとえば猫が好む猫草を育てたり、こどもの好奇心をそそるような植物などを集めてみる。

こどもがあそぶ庭の注意点

小さなこどもやペットはいろいろなものを口に入れるので、やはり庭では農薬を使わないようにしたい。また、スズメバチやチャドクガなどにも要注意。鋭いトゲのある植物や支柱などの尖った資材など、安全面に気をつけたい。

バラのトゲやギョリュウバイ(レプトスペルマム)の尖った葉などはさわると痛いので、こどもの手が届きにくい場所に。先端の尖った支柱は危ないので支柱キャップをつけるとよい。

おとなが歩くと5歩くらいの短い小道。飛び石から犬が歩きやすい木道へのリメイクを経て、今度は外装工事で出た廃材レンガを敷いてみた。レンガの直線的な印象を変えようと植えた花々が年々大株に育ち、わたしの思い描く光景になっていく。ネモフィラ‘プラチナスカイ’①、クリサンセマム‘ノースポール’②、ネモフィラ‘ペニー・ブラック’③、ベロニカ‘オックスフォードブルー’④。

管理のよい芝生でなくても、こどもと犬が転げまわるには十分。

お気に入りは芝生と小道

庭図（↓P8）にあるとおり、わが家の庭は大部分が芝生です。育てたい花は多くても無理はしないで植栽スペースを限定。区切られた花壇の間にできた短い小道をカンパニュラやベロニカなどで縁取っています。わたしの大好きな小道は、孫や愛犬モカもお気に入りです。モカは毎朝小道のパトロールに忙しいし、こどもたちは追いかけっこの果てにモカと一緒に芝生でじゃれあいます。こんな光景も見たいから、シニアの庭には花壇だけでなく、こどもやペットが遊べるスペースもあったらいいなと思います。

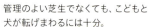

楽しい小道のバリエーション

わが家ではレイズドベッド（腰高花壇）のまわりや石壁の脇を通る小道ごとに、日当たりなどが微妙に異なる環境に合わせて草花の組み合わせを楽しんでいる。

2015年からブログで「りすの小道」（→P8庭図🅑）と親しまれてきた場所。りすのオーナメントをラビットに変えるだけで、落ち着いた雰囲気が明るく華やかに。こんな工夫も楽しみのひとつ。

石壁の裏にある狭小の小道（→P8庭図🅒）にも廃材レンガを敷いた。夏の終わりにフクシアの赤い花や斑入りヤブランの紫の花が咲く。

塀とツゲの植え込みにはさまれた小道（→P8庭図🅐）は防草シートを敷き（→P65）、塀側の花壇で春にチューリップやネモフィラが開花。

芝刈り機で刈れないエッジは専用のハサミで。

芝刈り担当の夫と「芝の管理はゆるくやろう」と決めている。

芝生の手入れは刈るだけ

冬は枯れるものの暑さに強いコウライシバのシートを植えたのが25年ほど前。当初は目土をまいたけれど、もう何年も施肥もしていない。芝刈りは春先から10月下旬まで、夏は月に2〜3回刈り込めば雑草が目立たない。日当たりと水はけがよければ、手間なしで芝生を維持できる。

端材でつくった30×60cm・深さ5cmの箱に多肉植物・サボテン用土と小石などを散らしている。割り箸などで穴を開けて切り取った茎を植え付け、支柱がわりに爪楊枝を一緒に挿すと安定する。手づくりの陶製小屋などを配置すると、こどもの箱庭あそびにぴったり。

多肉植物であそぼう!

ぷっくりした茎葉に水分を蓄えて暑さや乾燥に強い多肉植物。わが家では屋外に多肉ガーデンを設けたのを皮切りに、ロックガーデンや室内に飾る箱庭にも仕立て直して楽しんできたら、孫たちも興味津々です。多肉植物はぽろりと落ちた葉や間延びした茎を、土に挿しておくだけで発根して殖えます。水やりもほとんど必要ないから底穴のないさまざまな容器で楽しめ(→P91)、こどもたちが少々乱暴に扱っても大丈夫。でも、じつは前著『庭づくりの小さなアイデア』で紹介して以来、おとなが夢中であそんでいます。

動かせない大きな庭石の上に多肉用土を盛り上げてつくったロックガーデン。わずかな土でも子株が殖えたエケベリアやセダムなど。

おとなも楽しい多肉あそび

多肉植物は独特のフォルムが人気で、バラエティ豊かな品種がある。趣味の焼き物やミニチュアグッズなどと、容器との組み合わせを考えるのも楽しく、明るい窓辺に飾ってユニークな表情を眺めたい。

水分をたっぷり蓄えた多肉植物のみずみずしさは、さびたアイロンやハサミと好対照。手づくりの小鉢や陶製のドングリと一緒に楽しむ。

バーベキュー用の穴あき炭の一方を削って平らに、もう一方の穴に水で練ると固まる土（ネルソル）で多肉植物を植え込む。ときどき霧吹きで水やり、または炭ごと水につける。

アイアンワークの作家さんによる鳥かごや、100均で売られていた階段も塗装して手づくり鉢などを並べる。小さな挿し芽ができるからミニチュアグッズとなじむ。

ハート形の肉厚な葉がかわいらしいハートホヤを、バスケットに多肉用土で植え付け。本来はつる性の低木で、花も咲く。

花と一緒に野菜を育てる

花壇で咲かせたい野菜の花

小屋の南側花壇（→P8庭図）で10月末に直まきしたマメ類は4月初めに開花。キヌサヤ①の白花とピンク系のムラサキエンドウ（ツタンカーメンエンドウ）②がよく似合う。花びらが散ると一気に実が成長する。

家庭菜園がなくても庭で野菜を育てられたらいいなぁと、夏野菜を育ててみたのは10年ほど前です。それから野菜育てが楽しくて楽しくて！　夢中になりました。野菜は食べるだけでなく花も実る姿もかわいくて楽しめます。たとえばキヌサヤなどマメ類の花はスイートピーそっくりだし、ゴーヤーは花も葉も涼し気でステキ。庭で草花と一緒に育てるなら、菜園スタイルではなく花と同じように仕立ててみるのがおすすめです。オベリスクやバラ用の支柱などを使ってみたら、見た目だけでなく育てやすくて収穫にも便利です。

ゴーヤーは次々に咲く花がかわいらしく、切れ込みのある葉は比較的きれいに面をそろえるので観賞価値が高い。

絵になる野菜の仕立て方

手間なく育てられる野菜でも支柱を必要とするものは多い。花壇にある草花用のオベリスクなどを使ったら、キヌサヤやゴーヤーなどの収穫期が「絵になる」のを発見！食べる前に、花とはひと味違う魅力も味わおう。

ビールの原料になるハーブのホップは苗から育てて6年目。緑のカーテンにはなかなかならなくても、マツカサに似た毬花を両手でパンとたたいて香り立ったらビールに浮かべる楽しみが。

4月下旬、満開のスイートピーと並ぶオベリスクのスナップエンドウが鈴なり。足元を飾るのはネモフィラ‘ペニーブラック’と‘スノーストーム’、間でヤグルマギクが開花間近。

7月下旬、小型のつるバラを仕立てるリングの支柱にミニトマト2株を誘引。センチュウ対策になるというマリーゴールドと寄せ植えにした。安定感のある石のコンテナで。

油絵を描くのに使うイーゼルに誘引した中玉トマト‘レッドオーレ’。7月上旬にピンポン玉サイズが房なり。イーゼルは高さ約1mなので頂芽を摘み、わき芽から枝数をふやした。

トレリス前にあった敷石を移動して、奥行き10～20cmのすき間をつくる。上に伸びていくミニトマト①などはこのスペースで育てられる。よく耕して牛ふん堆肥などをすき込み、タネから育てたミニトマトや中玉トマト②と、スイートバジル③などの苗を植え付けたのが4月初め。7月初めに収穫。

すき間で野菜を育てよう

野菜を育てるには庭の一画を菜園にしたり、市民農園を借りる方が多いけれど、少人数家族に必要な量を考えたら、庭で花と一緒に育てるくらいでよいかもしれません。それに野菜は育てる場所を毎年変えたほうがよいというので（↓P86）、わが家では庭のあちこちのすき間を利用して野菜をつくっています。近年はほとんどコンテナ栽培にしていますが、ちょっとしたスペースで夏じゅう食べるトマトを育てられます。また、超手間なしの直まき栽培は狭い場所での野菜育てに便利です。

会員制倉庫型店『コストコ』で購入したわが家のガゼボ（東屋／P8庭図）。手すりと周囲のスペースを利用してミニトマトを育てる。手すり外側で春の花がまだ咲いていたら、ポットの底を抜いて内側に仮植えしておいてもいい（右）。

キヌサヤ

11月にキヌサヤのタネをまいたのはガゼボの外側。冬の雪も乗り越え、順調に育って4月下旬には美しい花が咲いてすぐ実がなる。株元を飾るのはこぼれダネ育ちのネモフィラ。

直まきに挑戦してみよう！

植物をタネから育てる場合、一般的にはタネを平鉢などにまいてから鉢上げして育てた苗を定植する。が、カブのような直根性の野菜やマメ類、コマツナなどの葉ものは栽培する場所に直接タネをまいて育てられる。育苗する場所も鉢上げや定植の手間も必要ない、ズボラ野菜育てに挑戦しよう。園芸書にはタネを4～5粒ずつまいて育ちの悪いものを間引くとあるが、わたしは1粒ずつを大切にしたいので1粒だけまく。発芽しない場合は再度まく。

育てる場所に栄養分のないタネまき用土を入れ、キヌサヤのタネを1粒ずつ5カ所にまいて用土で覆い軽く手で押さえる。毎朝ジョウロのハスロで水やりをして1週間ほどで発芽。

ラディッシュ

直まきしたラディッシュは3～4日で発芽。育ってくると土の中から見え隠れする姿もかわいらしい。

狭い庭の連作障害対策

つかめるポットを使って

土がたっぷり入って野菜が育てられる鉢を探していたら、ポリエチレン製の10号サイズ（直径約30cm）で軽く、縁がつかめて移動しやすいタイプを見つけた。キク栽培などにも使われる。値段が安いので愛用！

紙コップにタネまきしたミニトマト（タネまきについては→P106、または前著ご参照）の苗2株を「つかめるポット」に植え付け（左上）。花壇を深さ約15cm掘ってポットを埋めると（左）用土が乾きにくく、コンテナ栽培でも水やりは花壇並みで手間がかからない。奥のミニトマトもコンテナ栽培。

つかめるポットを土中に埋めずに使うときは、100均で売られている図柄のおしゃれなダクトテープ（下）などを貼るといい。ポット中央の苗はタネから育てたホーリーバジル。

毎年、同じ場所で同じ野菜を育てると病原菌やセンチュウがふえたり、土壌の養分が偏り、野菜の生育が悪くなることを連作障害といいます。とくにマメ科やキュウリなどのウリ科、ナス科やアブラナ科は連作障害が起きやすい。トマトは同じナス科のナスやピーマンなどとも、3〜4年は同じ場所で育てないほうがよいとされます。わが家もスナップエンドウが連作障害で全滅したことがありました。そこで、注目したのが毎年用土を入れ替えるコンテナ栽培です。土がたっぷり入って軽い鉢を花壇に埋めれば水やりもラクラク。

小さなキッチンガーデンをつくる

キッチンの近くに薬味のハーブなどが摘める小さな花壇があると便利。ハーブは連作障害の心配がないし、心配な野菜はポットを埋めて育てよう。

ポットで大きく育ったミニトマト①には鉄筋の支柱（鉄棒）を添え、ミニパプリカ②やトウガラシ③はコンテナ栽培したものを移植した。イタリアンパセリ④やブロンズフェンネル⑤などのハーブも育てやすい。

つくり方

ヒメリンゴの足元に用土を盛り上げてあった花壇。ハーブのイブキジャコウソウが生い茂り、区分があいまいになっていた。

ホームセンターで売られているタフステンストーン（凝灰岩）で囲い、水平器を使って水平に石の高さをそろえる。

牛ふん堆肥や培養土などを入れてよく耕す。もともと植えてあったイブキジャコウソウやイタリアンパセリを植え戻す。

季節の寄せ植え＆花飾り

季節感を手軽に楽しむ

晩秋にチューリップ‘アンジェリケ’①やパンジー②に植え替え、こぼれダネのネモフィラ③を庭から移植。パンジーが冬の間も咲き続けて春を迎える。

現役時代は時間が足りず、シニアになると体力が足りず（笑）、いつも庭づくりは行き届かないものです。それでも四季の花々が咲く鉢ひとつあれば、季節の変化を身近に感じられます。気に入った花を鉢いっぱいに咲かせたり、きれいな葉ものや相性のよい草花を組み合わせて小さな庭のように寄せ植えをつくるのもよいでしょう。なかでも、大型コンテナに葉ものを植えっぱなしにして使いまわす寄せ植えは、季節の花苗を数株植え替えるだけ。長く咲く花なら植え替えは年2～3回、水やりなどの管理もラクです。

8月に植え替えたコリウスやイポメア‘テラスメープル’、アカバセンニチコウ‘レッドフラッシュ’などのリーフが、秋になるとモリモリしてくる。

5月中旬にパンジーなどからプチダリアやユーフォルビア‘ダイアモンドフロスト’とリシマキア‘ファイヤークラッカー’に植え替え。ダリアは花がらを摘むと、次の花が上がってくる。

◀◀ポイント

ハツユキカズラやムラサキミツバなどのリーフは残し、咲き終わった季節の草花を掘り上げる。牛ふん堆肥を混ぜた培養土を足しながら、次の季節の草花を数株植え付ける。

長く咲く季節の主役を使って

晩秋から春まで長く咲くパンジーやビオラは、春になると株がモリモリして花数もふえて季節の主役になる。初夏からはイソトマ、夏のペンタス、秋のマムなど、季節ごとに長く咲いて主役になる花を見つけると、長く楽しめる寄せ植えがつくりやすくなる。

真夏は花を休んでも秋にまた咲くイソトマとスカビオサ。さわやかな花にアイビー‘白雪姫’の斑入り葉で軽やかに。

マムにアカバセンニチコウ‘レッドフラッシュ’はまさに秋の色合い。斑入りアメリカヅタで動きをプラス。

紫と黄色という反対色のビオラにユニークな花姿のシレネ・ユニフローラを、脚付きのコンテナにこんもり咲かせて。

上に伸びる白のペンタスや紫系のアンゲロニアと、枝垂れるハツユキカズラの新葉は色合いも草姿もバランスがよい。

お正月

植物を束ねるだけの壁飾りスワッグ。クリスマス用（→P91）からリボンなどをはずし、生花のマツ、庭のナンテンとマンリョウで、しめ縄飾り風の正月用に変身。

おもな材料は多肉植物の子株や茎挿しで殖やした苗、シルバーに塗装した100均の重箱、多肉植物栽培用の用土と空き缶。重箱中央に空缶を置いて用土を入れ、多肉を植えつけ。和菓子の型でつくった陶製の鯛（箸置きなどでも）を飾り、すき間にマツの葉やマンリョウの実もくわえてお正月らしさを演出。

イベントを盛り上げる花飾り

日々の暮らしにアクセントを添える年中行事やイベントを大切にしています。夫婦でお料理をつくって家族が集まるので、その場を彩る花飾りを考えるのも楽しみです。たとえば朱色の花弁裏がゴールドのゴージャスなマムの鉢花を見つけたら、和風の鉢に植え替えて組ひもなどを結ぶだけでも、お正月の花飾りになります。ユニークな姿形の多肉植物は室内用の清潔な用土に茎挿しして、容器やオーナメントを工夫すると応用範囲が広いこと！　庭にあるコニファー（針葉樹）や赤い実は和洋どちらの行事にも利用できます。

ゴージャスなマム‘フエゴ’の鉢花を陶器鉢に植え替え、マツボックリや中華風飾りを添えて。

ハロウィーン

コリウスは葉の色やサイズが多彩で、挿し木で簡単に殖やせるから重宝（→P108）。霜に当たる前に室内に取り込めばクリスマス用にも使えるが、さえざえした葉色が生きるのはハロウィーン。とくに暗い葉色のイポメア‘テラスメープル’と組み合わせた寄せ植えは、カボチャのオーナメントとよく似合う。

イースター

ウズラの卵の殻をスプレー塗料で白く塗る。用土を入れて多肉植物を茎挿ししたり、水を入れてビオラをいけたり。冬枯れたグラスのメリニス‘サバンナ’の葉で鳥の巣をイメージ。

バレンタインデー

お正月の多肉飾りを解体して100均で購入したハートの焼き型に植え直した。チョコレートや陶製の飾りをくわえ、すき間を梱包用クッション材で埋める。

クリスマス

上）モミノキに似ている市販のクリスマスリース中央にキャンドルを置いた。クラブアップルの実やクリスマスオーナメントを添えて。左）庭にあるコニファーやロータスを束ね、斑入りヒイラギとローズヒップを添えてリボンを飾る。

庭あそび コラムⅣ

クリスマスローズの長持ちドライ

クリスマスローズが大好きで少しずつ集め、一重や八重咲き、明るい花色から暗いものまでいろいろ咲かせています。花に見える部分は萼片なので、咲いてから長い間傷まずに楽しめるのも嬉しいところ。もうすっかりオシベが落ちて花色も褪せてくると、今度はドライフラワーにします。晴天の続いた日に摘み取った後、乾燥させる前にヘアスプレーを吹きかけるのがキヨミ流。ツヤとハリが出ます。

庭に咲いたクリスマスローズの
ドライフラワーをブーケに。
このまま飾ってもプレゼントにしてもよい。

3月中旬に咲き誇るクリスマスローズ（右）に対し、4月中旬にオシベが落ちてメシベのつけ根が膨らみ始めたころ（左）がドライの適期。

①退色してきたクリスマスローズを晴天の続いた日に摘み取る。

②ハード仕様のヘアスプレーを花の表と裏にまんべんなく吹きかける。

③萼片が変形しないように1茎ずつつって4日ほど乾燥させる。

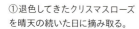

5章

挑戦が続く若返りの庭

植物を育てる手間を減らしたい、庭の管理はできるだけラクにと、シニアの園芸愛好家は願います。ところが、次の花を見事に咲かせたいとかお得に株を殖やしたいなどという欲望は果てなく、ちょっとひと手間を惜しみません（笑）。それどころか、おいしいトマトを食べれば同じものが育てられないかと無謀な挑戦もしてみます。たとえ失敗しても、このワクワク感を抱き続けることでいつまでも若々しい気持ちでいられるのではと思います。

庭を輝かせるひと手間

次の花を咲かせるワザ

ピンクのふわふわの花を咲かせるシモツケ‘ゴールドフレーム’。やがて花が茶色くなって終わると、枝を2/3ほどに切り戻してスッキリ。

切り取った枝は花がらや大きな葉を落とし、活力剤メネデールを入れた水に浸して挿し木に（→P108）。

切り戻した節からわき芽が伸び、赤い新葉を繰り出して小ぶりの二番花を咲かせる（→P30・31）。

できるかぎり無理をしない〝手間なしガーデニング〟を追求しながらも、二番花とか花いっぱい、お得などの言葉には体が条件反射してしまいます。というのも、ほんのひと手間かけるだけで繰り返し花が咲いたり、驚くほど見事に咲き誇る花が庭を輝かせてくれるからです。やはり園芸愛好家にとっては花をきれいに咲かせたい、来年もまた咲いてほしいというのがいちばんの願いなので、ズボラながらもあれこれ試してみます。その結果がまさに花開いたときの嬉しさは格別！　キヨミ流のちょっとした手間をご紹介します。

多年草の中耕や追肥

植えっぱなしで毎年咲いてくれる多年草も、本来は数年ごとに植え替えや株分けなどでリフレッシュするとよい。それが面倒なときは、新芽の伸び出す3月中～下旬にちょっとメンテナンスするだけで元気を取り戻す。

シャクヤクの新芽が出てきたら、まわりの土をシャベルで少し掘り起こし、牛ふん堆肥を混ぜた用土を足す。弱々しかった新芽が2週間後にはしっかりして、5月中旬に見事な花つき。

古い葉を切り取る

常緑のグラウンドカバーとして活躍するカンパニュラ‘アルペンブルー’。冬の間小さな新葉を寒さから守っている前年の大きな葉を早春に抜き取る。花後に花茎を抜き取るのと同じく、手でスーッと簡単に抜き取れて花つきがよくなる。クリスマスローズなど多年草の古葉切りと同じ。

①2年植え替えていないアスチルベの鉢植えは、カチカチになった表土の四隅だけスプーンで掘り起こす。②牛ふん堆肥を混ぜた培養土を補充。③1週間後には新芽がモリモリ育ち、6月には購入当時のように咲いた。

冬越しの工夫や注意

日当たりのよいレイズドベッドに植えっぱなしで数年経つシレネ・ユニフローラ‘シェルピンク’。最初の冬に抜かなくてよかった。

冬枯れた株（上）に近づいてよく見ると、茶色くなった茎葉の下に新しい芽（右）が待機して春を待っている。

寒さに強い植物の冬姿

多年草には年中葉を茂らせる常緑タイプと、休眠期に地上部が消える（枯れる）宿根タイプがある。地下の根だけで生き延びる寒さに強い宿根草の冬姿を覚えておこう。シクラメンなどは夏に休眠。

5月下旬に咲くシモツケ‘ゴールドフレーム’はライム色の葉も魅力。ところが冬は枯れ木のような落葉樹で、4月に紅葉のようなオレンジ色の新芽を繰り出す。

冬や真夏に通信販売で買った多年草の苗が「枯れている？」と思ったことはありませんか？　初めて育てる多年草が暑さ寒さで枯れたと慌てることも。それらは多年草のなかでも冬や夏に茎葉が枯れて休眠する宿根草の可能性があります。次のシーズンにはまた芽が出るので捨てないで様子を見ましょう。また、多年草には寒さに強い耐寒性多年草とあまり強くない半耐寒性、寒さに弱い非耐寒性があるので、図鑑などで確認します。寒さに弱いものは株ごと掘り上げて室内で冬越しさせたり、挿し芽をして春に株を更新します。

寒さに弱い植物の冬越し

東京都八王子のわが家では、寒さに弱い植物たちの冬越し対策を毎年11月中にする。非耐寒性多年草も室内に取り込めば冬越しできるが、スペースも限られるので「来年出合えないかもしれない」植物を優先。

緑と赤と白が混じりあう美しい葉色のハイビスカス'トリカラー'。冬越しには10℃以上が必要な非耐寒性の低木だが、室内で冬越しさせれば来年もカラーリーフとして活躍する。

日当たりのよいサンルームに置いた鉢植えは真冬こそ落葉したが、無事に越冬して早春に芽吹く。

11月下旬

伸びた枝を切り詰め、根鉢を掘り上げる。このまま水を入れたバケツに2時間ほどつけ、ダンゴムシなどを追い出す「バケツドボン作戦」を経て鉢に移植。

応用編　水挿しや茎挿しで冬越し

イポメア'テラスメープル'(左)とヘミグラフィス'アルテルナータ'は、白く塗ったペットボトルに茎挿しした水耕栽培で越冬。大好きなブラックリーフを観賞しながら殖やす。

ユーフォルビア'ダイアモンドフロスト'は赤玉土小粒を入れたペットボトルに挿し芽で冬越し。初夏や秋が適期といわれるが大丈夫(→P108)。

お得なこぼれダネや株分け

直径24cmの鉢にタネから育てたビオラ2株に、こぼれダネ育ちのネモフィラをくわえた寄せ植え。残念ながらネモフィラ1株は消えてしまったが、後方に1株が咲いている。

こぼれダネを生かす

タネを秋にまく草花のこぼれダネ育ちは11〜12月、本葉3〜4枚が混み合ったら苗を間引いて鉢などに移植する。苗を掘り上げた穴には培養土を入れ、残した苗の株元がぐらつかないように用土を押さえておく。ちょっとした手間で幼苗がしっかり育つ。

こぼれダネ育ちのネモフィラが混み合ってきたので、直根性の根を傷めないようにスプーンでそっと掘り上げる。

タネから育てたビオラ2株とこぼれダネ育ちのネモフィラ2株を植え付け。スカスカに植えてもどちらの株も大きく育つ。

1章に『お得な植物カタログ』を入れたように、お得に楽しめる（殖やせる）植物に目がなくて、その楽しみには多少の手間を惜しみません。なかでもこぼれダネで咲く植物（↓P28）は花壇でそのまま生かす（↓P47）ほか、鉢や別の花壇に移植してフル活用します。こぼれダネ育ちは年ごとに庭の環境に適応して丈夫になり、翌年すぐ発芽しなくても2〜3年続けて苗やタネから栽培するうちに出てくるので、気長にお付き合いください。より確実に殖やしたいなら株分けがおすすめで、わが家のカンパニュラ'アルペンブルー'はこの二刀流で殖やしました。

株分けの適期は春か秋というのに、大きく育った‘アルペンブルー’の株を12月中旬に掘り上げる。

手で根のまわりの土をていねいに落とし、いくつかの株に分ける。

土を耕して牛ふん堆肥をすき込んだ花壇に10cm間隔ほどで植えつける。

「‘アルペンブルー’をそんなに殖やして、花後の始末が大変では？」と心配されることもあるけれど、この花は咲き終わった花茎が手でスッと引き抜けて手間なし。やはり株分けするのは、栽培の手間がかからない育てがいのある草花に限る。

株分けで殖やす

株分けは殖やすばかりが目的でなく、古くなった親株の更新も兼ねる。5月下旬、わが家のシェードガーデンを埋めるカンパニュラ‘アルペンブルー’（→P50）。株分けでコツコツ殖やして、近年はこぼれダネも多い。この一画を埋めるのにどれだけ花苗が必要かと考えたら、株分けはガーデニングの蓄財といえるかも。

鉢からあふれんばかりに咲いているアルストロメリア。近年は鉢花で出回っているので、株分けして花壇で育てられる（→P41）。

鉢から株を抜くと、土がほとんどないほど球根がぎっしり詰まっている(上)。これをていねいにほぐして数株に分け、花壇に植えつけると年々育って大株になる。

下）11月下旬、67cm×16cmのコンテナに植えつけたチューリップの球根6個とタネから育てたビオラ4株。2月中旬にはビオラの花が咲きだす。上）3月下旬にかわいらしい寄せ植えに。チューリップの花が終わっても、ビオラはさらに株を広げて4月いっぱい咲き続けた。

花いっぱいのスカスカ植え

タネまきして植物を育てると、発芽したばかりの幼苗の弱々しさに「ちゃんと育つかな？」と心配します。ところが、苗はグングン大株に育って開花。花苗から育てるのとは桁違いの成長を見せつけます。この過程が楽しくて試したタネまきについては前著『庭づくりの小さなアイデア』に書きました。ここでは鉢や花壇に苗を定植する間隔に注目してください。成長期の苗はとても大きく育つので、定植時は寂しいほどのスカスカ植えにすることで根を十分に張って大きく育ち、花いっぱいのパフォーマンスを見せてくれます。

左）12月下旬、24cm×18cmのバスケットにビオラ‘横浜セレクション フレアーブルー’とネモフィラ‘プラチナスカイ’のこぼれダネ苗2株を植え付け。上）3月下旬。

右）7月上旬、カラーリーフカンナの育つ半日陰のレイズドベッドに、茎挿しで育てたライム系のコリウス3株と赤系のコリウス3株、こぼれダネ育ちのサマーポインセチア5株を別の花壇から移植。左）家にあった植物だけで8月上旬にはご覧のボリュームに。

下）7月上旬、放ってあったコンテナ（36cm×18cm、深さ25cm）からサマーポインセチア2株がこぼれダネでひょっこり出現。茎挿しで殖やしたコリウス4株を植え付け。
上）8月中旬にはサマーポインセチアの葉が赤く色づくリーフコンテナになった。

キヨミ流 元気な苗を間引く！

大鉢やトロ箱などにタネをまいて発芽後、しばらくするとモリモリ育った苗が重なり合う。このとき一般的には育ちの悪い苗を間引いて捨て、丈夫そうな苗を残して育苗するが、わたしのやり方は反対。丈夫な苗を間引いて花壇などへ移植し、育ちの悪い苗を育苗して後に定植する。間引き方を変えると弱そうな苗も無駄なく育てられる。

①トロ箱にタネをまいて育てた幼苗が窮屈に。
②よく育った苗を間引いて花壇に移植。
③間引いた穴に培養土を補給して残した苗を育てる。
④⑤残した苗がしっかり育ったので、鉢に定植。去年育てたタネをつないだケイトウ（セロシア）。

松田聖子さんの歌を思い出す赤いスイートピーはもう4〜5年もタネをつないでいる。花色がさまざまなヤグルマギクやネモフィラ‘プラチナスカイ’、シレネなどが咲く4月末の花壇。

わが家オリジナルの花や野菜
お得で育てやすい自家採種

自分で育てた植物からタネをとることを自家採種といいます。自家採種を繰り返すと育った場所の環境に適応していくので、タネをつないだ植物は育てやすいわが家のオリジナル。さまざまな形の小さなタネにいろいろな情報が詰まっていると思うと、愛おしくて一生懸命タネとりします。最近はネットで検索すれば珍しい品種のタネも簡単に入手できますが、わが家ではお気に入りの一年草を中心に毎年多くのタネを採取。ビオラなどは1輪から40粒ものタネがとれます。植物ごとにタネのつき方や採種のコツがあるので紹介します。

スイートピー
マメ科のタネはサヤに入った豆。大きいので直まきしやすい。

ヤグルマギク
1輪分をほぐすと、それぞれのタネはイカのような形でおもしろい。

右）採取予定のタネの品種名や花色を粘着テープに書いて開花中に茎に貼る。上）採取したタネは花色などを記した紙コップに花がらごと入れ、乾燥させてばらしたタネをファスナー付きポリ袋に保存する。

キヨミ流 タネとりアイデア

スイートピーやヤグルマギクのタネは採取しやすいけれど、採取しにくいタイプ別にちょっとした工夫をしている。

細かいタネ

オダマキのように細かいタネはサヤごと保存袋に入れ、サヤを逆さにしてタネを取り出す。

小花のタネ

小花の群れ咲くオンファロデスは、ストッキング状の排水口用水切りネットを株にかぶせてビニタイで留め、全体が茶色になったら株ごと採取。

弾けるタネ

パンジーやビオラなど、タネを遠くに飛ばすためにサヤがはじける植物には水切りネットを小さく切ってサヤを包み、麻ひもやテグスで結んでおく。

横に広がる株〈番外編〉

ネモフィラのように横に広がる株は、早く完熟したタネから落下して採種しにくいので、花後に枯れた株を鉢に放置してこぼれダネから発芽した幼苗を育てるとよい。

おすすめタネとり草花

シレネ

花後にバルーンのように膨らむサヤが茶色くなったら収穫して、黒いタネを取り出す。

カレンジュラ

タネの形状はややグロテスクだが、花壇にパラパラまくだけで驚くほどの発芽率を誇る。

オルレア

花茎ごと収穫してよく熟した焦げ茶色の大きなタネを採取。トゲトゲのまままける。

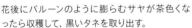

目にも涼しい緑のカーテンになり、夏の食卓でも定番となるゴーヤー。

食べまきが止まらない

食べまきとは、食べた野菜や果物のタネをまいて育てること。わが家では食べておいしかったトマトのタネを2月にまき、7月には庭で収穫して食べます。食べまきには完熟した大きなトマトのタネを用い、ミニトマトでも大玉でも成功！ 食べてすぐタネをまくと発芽が早く発芽率も高いです。ただ、雑種を交配させたF_1品種の野菜（トマトなら桃太郎とかアイコなど）や草花は、そのタネから育った第2世代の形質（味などの特徴）がばらつくので、それも含めて楽しみます。こうした登録品種はタネを交換したりしないで、自宅だけでの楽しみです。

庭で収穫したゴーヤーが完熟していれば、野菜で唯一赤いタネが出現。

タネのまわりにあるヌルヌルした赤いワタ。食べると甘いけど、しっかり洗い落とす。

亀の甲羅を思わせる形と色のタネ。

3号ポットにタネまき用土を入れてまくとすべて発芽した。

食べまきから13カ月。レモンの果実こそ無理でも、つやのある葉が美しい観葉植物に。

8月下旬、レモンのタネのまわりについている果肉を水でよく洗って取り除く。

お茶パックに赤玉土小粒を入れてタネを埋め、乾かさないように水やりすると10日ほどで発芽。

さらに半月経った苗を鉢に植えつけ、クルミでマルチング。

窓辺で4カ月育て初めての冬越し。

タネから育てのトマト〈トラブル編〉

食べまきも普通のタネから育てる方法と変わりません（育苗については→P107）。タネから育てのトマトで困ったのはタネがかたくて発芽しにくいことと、せっかく育てた茎が折れやすいこと。こんなトラブルの解決法を紹介します。

食べまきで育てた大玉トマト。実がしっかり詰まって味もほぼ変わらない。

トマトの茎は折れやすく、誘引しようとして折ることがある。折れた茎は水につけ、毎日水を取り替えて水耕栽培すると7〜10日で写真のように根が多数出る。これを培養土に植えて栽培できる。

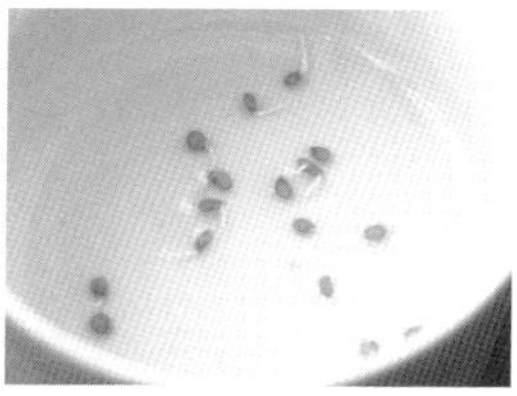

トマトのタネは発芽率があまりよくないと感じて、タネまき前に水につけてみた。つけたままにすると4日後に一部が発根。7〜10日後までつけてから用土に植えて無事に発芽した。

タネから育てや挿し木の裏ワザ

省スペースの手間なし育苗

育てた草花や食べた野菜からまでタネをとり、せっせとタネまきしていると、フッと「それらをどこで育てるつもり?」という声が聞こえて青ざめます。タネは小さいので大きな鉢に数種類をまくこともできますが、発芽して生育した幼苗が混み合ってくれば間引かなくてはなりません。1粒のタネも無駄にしたくないので、移植先を考えてひらめいたのが「ヤドカリ育て」。スナップエンドウなどのマメを直まきした鉢には、マメが成長するまでスペースがあいているのを有効利用します。ほかにも育苗のアイデアをまとめてみます。

①直径36cmの鉢に培養土を入れ、表面にタネまき用土を深さ2cmほどくわえて湿らせる。竹串で仕切って12種類のタネを9月にまいた。古いタネもあったので発芽率はばらつきがある。タネをまいて40日後のようす。

②大鉢で本葉3枚になったビオラ3株。スナップエンドウのタネ2粒を直まきして発芽したばかりの直径30cm鉢に移植（11月下旬）。③冬越しできるか心配するほど小さかったビオラが、マメの育苗スペースを脅かすほどに育つ（2月中旬）。

④スナップエンドウのつるが伸び出すころにはビオラが咲き始める。

⑤しっかりした株に育ったビオラを別の鉢に定植する。ビオラを抜いた鉢にはミニチンゲンサイの苗を植えた。

キヨミ流
タネから育て7つのポイント

植物のタネから育てが大好きなので、タネまきから育苗までいろいろな工夫をしている。紙コップにタネまきしたミニトマトを例に7段階のポイントをご紹介。

2月中旬に室内で、紙コップに1粒ずつタネをまいた。発芽まで保温と保湿のためにトレーごとポリ袋に入れ、発芽したら袋から出す。

タネをまくときはタネまき用土をコップに7分目ほど入れる。発芽した後、双葉の苗のまわりに用土を足すと弱々しい苗がしっかりする。

一般にトマトのタネまきは3月からとされるが、わが家は2〜3月に数種類を何度かに分けてまく。発芽した苗を昼間は日当たりの窓辺に置き、3月下旬まで夜は暖気がとどまる階段に。

本葉4〜5枚になったら竹串を仮支柱として苗に添える。トマトに限らず支柱を添えると苗が安定して、成長の勢いがよくなる。

遅霜の心配がなくなった4月中旬、幅60cmのコンテナに苗を3株植える。ミニトマトは品種にもよるが一般には草丈30cmほどに育った苗を定植。

一般的なミニトマトなら150cmくらいの支柱が必要。鉢で育てやすいわい性タイプなので二つ折りした高さ60cmほどのワイヤを支柱にした。

6月中旬には実が色づいて収穫期を迎える。タネは何度かに分けてまいているので、9月ごろまで収穫が続く。

発根安心の挿し木や挿し芽

最近は赤玉土小粒か鹿沼土を使うが、無肥料の用土ならOK。コリウスは挿しておけばほぼ根が出るので、ハンギングバスケットなどに直接挿しても楽しめる。

タネから育てと同じくらい好きなのが挿し木です。大きく育った株を切り戻すと、切り落とした剪定枝が「もったいなくて」挿し木をしてしまいます。以前は梅雨前に切り戻した茎をよく挿していましたが、夏の暑さが厳しいので秋～冬に行なうことがふえました。発根ペースは遅くても、そのまま冬越しもできます（↓P97）。正式には木を挿すのが挿し木で、草花の場合は挿し芽です。挿し芽よりも挿し木のほうが成功率は高いと思いますが、コリウスやマムなどはほぼ100％発根するので試してみてください（↓P31）。

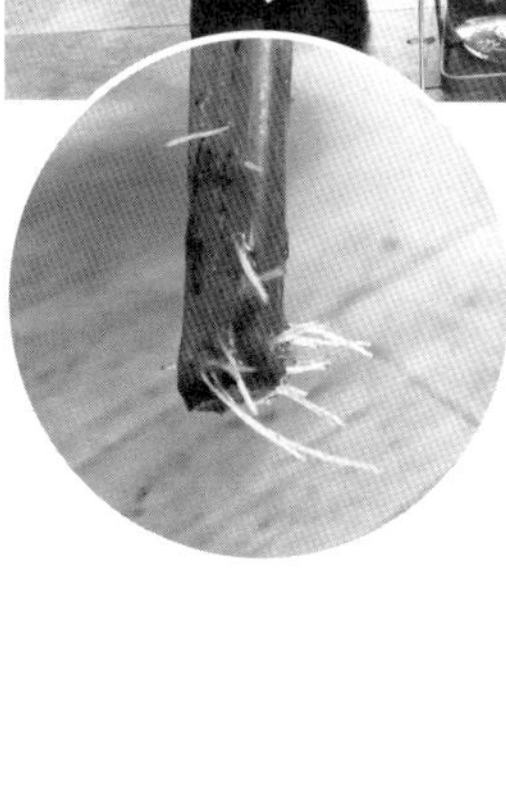

7月初旬、窓辺を飾るグリーンとしてコリウスを小さな瓶に1茎ずつ挿した。2日ごとに水を替え、10日ほどで発根。根が1cmほどに伸びたら土に植えつけてもよい。

ペットボトルで発根を確認

挿し木で気になるのは発根をどう確認するか。園芸書には挿し穂を手で揺すり、動かなければ根が張って活着しているというけれど不安なもの。ペットボトルで挿し木をすれば、根の張り具合を目で確認できて定植の目安がつきやすい。

①6月初旬、アジサイ‘アナベル’20cmほどに切った枝の下葉を落とし、活着を助けるメネデールなどを入れた水に2〜3時間つけておく。底に数カ所穴をあけたペットボトルに赤玉土小粒などを入れ、割り箸で用土に穴をあけて挿し穂を挿す。発根まで水を入れたトレーにつけ、底面から吸水させる。

②ペットボトルいっぱいに根が張っている。
③ボトルの側面4カ所に切れ目を入れると、根鉢が崩れないほど張っている根を傷めずに取り出せる。
④挿し木用の無肥料用土のままではかわいそうなので仮植えする。4枝を挿して根が活着した3枝をそのまま植え付け。

⑤暑い時期なので仮植えして、10月に1本ずつばらして定植する。

挿し木で殖やした‘アナベル’。

ラクラク繁殖「伏せ木法」

伏せ木とは伸びた茎枝を誘引して一部を地中に埋め、発根したら親株から切り離す繁殖法。サルビア・ネモローサの開花期終盤、倒れた茎を花壇やあいた鉢に誘引してU字に曲げたワイヤで固定。茎の上に鹿沼土をかけておいたら、10日ほどで埋めた茎の先に新葉や新芽が出てきた。クレマチスなどさまざまに応用できる。

5月中旬に咲くサルビア・ネモローサ。

倒れた茎を地面や鉢土にU字ワイヤで固定。

右の親株から手前の鉢や後方の花壇に誘引した茎の先から新芽が出て開花したので、親株から切り離す。

植物の索引

＊太数字は「植物カタログ」のページ

長澤浄美（ながさわきよみ）

東京都八王子市で社会保険労務士事務所の所長を務めるかたわら、ガーデニングに取り組んできた。2006年4月から始めた『キヨミのガーデニングブログ』では、忙しくても楽しく続けられる庭づくりを紹介。3,500万アクセスを突破している。このブログをまとめた『忙しくても続けられる キヨミさんの庭づくりの小さなアイデア』（農文協）を2014年に刊行。クラフトや陶芸、料理も趣味として2010年に料理本『長澤家のごはん』を著している。2015年に体調を崩したことからガーデニングスタイルを見直し、2018年4月には事務所所長を退任し顧問に。時間に少し余裕ができ、第二のガーデニングライフを楽しんでいる。忙しい現役世代向きの前著に対し、今回はシニア向けにラクして愉しむ“庭あそび”を提唱している。

ブログ https://ameblo.jp/nkiyo/

インスタグラム
https://www.instagram.com/ngswrose/

無理しないでとことん愉しむ！
キヨミさんの シニアの庭あそびアイデア

2019年11月30日 第１刷発行
2022年 4月15日 第10刷発行

著者： 長澤浄美
発行所： 一般社団法人 農山漁村文化協会
〒107-8668 東京都港区赤坂7-6-1
TEL: 03-3585-1142（営業） 03-3585-1147（編集）
FAX: 03-3585-3668
振替： 00120-3-144478

編集： 光武俊子
デザイン： 安田真奈己
撮影： 長澤浄美、竹田正道
写真提供： sannse
イラスト： 柳原パト
印刷・製本：（株）シナノ

ISBN978-4-540-18160-3